Marketing cinematográfico e de games

Dados Internacionais de Catalogação na Publicação (CIP)
(Câmara Brasileira do Livro, SP, Brasil)

Kuazaqui, Edmir
    Marketing cinematográfico e de games /
Edmir Kuazaqui. -- São Paulo : Cengage Learning,
2016.

    1. reimpr. da 1. ed. de 2015.
    ISBN 978-85-221-2095-6

    1. Cinema 2. Cultura 3. Jogos por computador
4. Linguagem 5. Marketing 6. Publicidade I. Título.

14-12701   CDD-791.43

Índice para catálogo sistemático:
1. Marketing de cinema : Jogos : Artes 791.43

Marketing cinematográfico e de games

EDMIR KUAZAQUI

CENGAGE
Learning®

Austrália • Brasil • Japão • Coreia • México • Cingapura • Espanha • Reino Unido • Estados Unidos

CENGAGE
Learning®

Marketing cinematográfico e de games

Edmir Kuazaqui

Gerente Editorial: Noelma Brocanelli

Editora de Desenvolvimento: Gisela Carnicelli

Supervisora de Produção Gráfica: Fabiana Alencar Albuquerque

Especialista de direitos autorais: Jenis Oh

Revisão: Fábio Gonçalves, Luicy Caetano de Oliveira e Cristiane Morinaga

Projeto gráfico: PC Editorial Ltda.

Diagramação: PC Editorial Ltda.

Capa: MSDE/Manu Santos Design

Imagens da capa: Rudall30/Shutterstock, BPTU/Shutterstock, CLUSTERX/Shutterstock e Aaron Amat/Shutterstock

Pesquisa iconográfica: Alexandre Baptista – Anauê Iconografia

Para informações sobre nossos produtos, entre em contato pelo telefone **0800 11 19 39**

Para permissão de uso de material desta obra, envie seu pedido para **direitosautorais@cengage.com**

© 2016 Cengage Learning. Todos os direitos reservados.

ISBN-13: 978-85-221-2095-6
ISBN-10: 85-221-2095-1

Cengage Learning
Condomínio E-Business Park
Rua Werner Siemens, 111 – Prédio 20 – Espaço 04
Lapa de Baixo – CEP 05069-900 – São Paulo – SP
Tel.: (11) 3665-9900 – Fax: (11) 3665-9901
SAC: 0800 11 19 39

Para suas soluções de curso e aprendizado, visite **www.cengage.com.br**

Impresso no Brasil.
Printed in Brazil.
1 2 3 4 5 6 7   18 17 16 15

Sumário

Capítulo 4 – Livros cinematográficos **51**

Capítulo 5 – Games, jogos e revistas **75**

Capítulo 6 – Considerações finais **105**

Agradecimentos

Escolas fazem parte de nossas vidas e nos estimulam positivamente em nossas posturas e ações. Pelo convívio estimulante nesses últimos anos, agradeço à Universidade Paulista (UNIP) e à Escola Superior de Propaganda e Marketing (ESPM).

Pessoas fazem parte de nossas vidas e nos relacionamos de forma humana e colaborativa no sentido de construir para a sociedade. Agradeço a Jesuíno I., Argentino Júnior, Marcus Amatucci, Luiz Fernando Dabul Garcia, Carlos Barbosa Correia Júnior, Rodrigo Ulhoa Cintra de Araújo, Luis Antonio Volpato, Victor Trujillo, Fabiano Rodrigues, Renato Cecconello, Adriano Gomes, Wolney Ramiro, Felicia Alejandrina Urbina Ponce, Marcelo Chiavone Pontes, Walter Buiatti, Márcia Gamboa, N. J. Delener, Zely Fernanda de Toledo Pennacchi Machado, Márcio Sanchez, Gleder Maricato, Giancarlo S. R. Pereira, Haroldo Leitão Camargo, Léa das Graças Camargos Anastasiou e Cláudia Regina de Oliveira Salazar.

Alunos fazem parte de nossas vidas e são uma das razões que nos movem sempre para a nossa melhoria em sala de aula. Agradeço aos alunos dos cursos de pós-graduação em Administração Geral e do MBA em Marketing Internacional e Formação de Traders da UNIP e aos alunos dos cursos de graduação em Administração, de Relações Internacionais e dos cursos de férias da ESPM, além de muitos outros de vários pontos do país.

Família faz parte de nossa existência e essência. Agradeço (*in memoriam*) a Yoshie Kameoka Kuazaqui, Iorucika Kuazaqui e Edson Toshyiassu Kuazaqui. A Edna Kuazaqui, Naná, Lili e Riquinha, pelo convívio.

Mas o principal agradecimento deste livro é, com certeza, aos filmes cujos conteúdos promovem verdadeiras epifanias em nossas vidas, pois foram construídos por profissionais que têm como missão e visão desenvolver temáticas interessantes e que visam entreter no sentido lato da palavra. Parte desses filmes e profissionais estão inseridos no decorrer deste livro.

DR. EDMIR KUAZAQUI

Sobre o autor

Edmir Kuazaqui é doutor, mestre e graduado em Administração, com ênfase nas áreas de Marketing, Comércio Exterior e Gestão de Pessoas. Pós-graduado em Marketing pela ESPM. Coordenador dos cursos de pós-graduação em Administração Geral, Pedagogia Empresarial, MBA em Marketing Internacional e Formação de Traders, MBA em Turismo de Eventos e de Negócios e MBA em Comércio Exterior da Universidade Paulista (UNIP). Professor titular da Escola Superior de Propaganda e Marketing (ESPM) e de programas de pós-graduação no país. Consultor Presidente da Academia de Talentos e especialista em Marketing de Segmentos (Internacional, Turístico e de Hospitalidade, Saúde, Educacional, entre outros). Conferencista internacional. Autor de livros. E-mail: ekuazaqui@uol.com.br.

Introdução

Sempre adorei o cinema. Eu amava de coração.
Eu ia ver o mesmo filme cinco ou seis vezes, e o relembraria em minha cabeça por semanas e meses. Provavelmente no limite da neurose.
Chuck Russell (SCOTT, 2005, p. 329)

É realmente um prazer falar sobre cinema. Mais do que uma forma de simples entretenimento, cinema é arte, é expressão, é cultura, conduz a um objetivo de vida. Por meio de roteiros, argumentos, imagens e atuações, os filmes podem nos transportar para diferentes lugares, nos permitem ser diferentes personagens, vivendo diferentes situações e emoções.

Tenho acompanhado os filmes e seriados de televisão desde a década de 1970, época em que *Twilight Zone* (1959) e *The Outer Limits* (1963) atiçavam meu imaginário de criança. Posteriormente, *20 Million Miles to Earth* (1957), com os efeitos *stop-motion*, de Ray Harryhausen, além de *The Blob* (1958), me fizeram sentir verdadeiro pavor, mas influenciaram positivamente meu gosto pelo cinema.

Adolescente, comparecia frequentemente aos cinemas Cristal, Anchieta e Imperador (nos bairros do São João Clímaco e Ipiranga, em São Paulo), hoje fechados, para assistir a filmes nas sessões matinês dos domingos. *Jaws* (1975), de Steven Spielberg, e *King Kong* (1976), de John Guilhermin, são bons exemplos desta fase.

A partir da década de 1980, com a abertura das videolocadoras no país, me tornei um "admirador profissional" da sétima arte, um verdadeiro pesquisador e colecionador de filmes e séries em VHS. Recebia auxílio de outros amantes de cinema do país e do mundo. Fui aluno de teatro, e Emílio Fontana me apresentou importantes *insights* sobre cinema e suas técnicas.

Adulto e com foco na atividade profissional, procurei obras mais consistentes, no sentido de entreteter e, ao mesmo tempo, aprender um pouco mais com a sétima arte. Como professor, comecei a utilizar filmes, empiricamente, como recursos e meios didáticos para fazer aprender e contextualizar dados, fatos e conhecimentos. Algumas dessas experiências estão relatadas em capítulo específico, mais adiante.

A ideia de escrever este livro começou no final da década de 1990, quando lancei o livro *Marketing Internacional: Como Conquistar Negócios em Mercados Internacionais*, no qual exemplificava as estratégias de lançamento de filmes em mercados estrangeiros.

Assim, ao escrever este livro, com a minha formação acadêmica e profissional em Administração, Marketing e Marketing Internacional, procurei deixar de lado minhas preferências como colecionador e apreciador da sétima arte e desenvolver um trabalho mais formal, embasado e científico sobre marketing cinematográfico e seu desdobramento em Games. Dessa forma, embora parte da motivação para escrevê-lo resida essencialmente no vivencial e no prazer em assistir a um bom filme, outra parte vem da busca de apresentar um trabalho, com base científica, que possa ser realmente aplicado ao ensino e educação, bem como no âmbito prático do mercado cinematográfico.

Portanto, o material aqui apresentado foi desenvolvido a partir da prática observacional desde 1970, com todos os filmes citados assistidos e com a leitura dos respectivos livros em que se basearam, além de consulta a artigos e revistas brasileiras como *Preview*, *Monet*, *Cinema Brasileiro* e as saudosas *Cinemin* e *Set* e internacionais, além de pesquisa em fontes bibliográficas e virtuais (como o site IMDb, por exemplo), procurando discutir a indústria cinematográfica, em especial a norte-americana (pois é o maior mercado produtor e dos EUA saem as primeiras estratégias genéricas do setor) e seus desdobramentos contextualizados com o Marketing Internacional. Além disso, foram realizadas entrevistas com profissionais das áreas de cinema, televisão, teatro e academia.

Na atualidade, os diferentes meios e veículos, como a internet, *tablets*, celulares, *smartphones*, TV *everywhere* por *streaming*, além dos tradicionais, apontam para a multiplicidade de alternativas para assistir a filmes e jogar games, onde o consumidor desejar. **Assim, mesmo mudando o formato de exibição, que pode ser adaptado a cada realidade psico-demográfica, o conceito de cada obra se mantém.**

Da mesma forma, as aplicabilidades transcendem o entretenimento e a diversão simples e podem também se relacionar ao ensino e à educação como instrumentos didáticos, como relatei em minha experiência. Um filme pode, naturalmente, ser uma forma de extravasar as pressões do dia, mas também assume um papel social ao propiciar o conhecimento de destinos turísticos, gastronômico, por exemplo, chegando a ser ferramenta utilizada no ambiente acadêmico e profissional.

Encerro esta Introdução com uma transcrição de uma carta minha enviada e publicada na revista *Cinemin* (1985, p.4) que inaugurou a seção de colaborações críticas dos leitores da revista:

Qual foi a sensação que sentimos quando o detetive Albogast começou a subir as escadas da mansão de Norman Bates? Foi a mesma sensação quando o cemitério começou a se levantar em **Poltergeist**. Tanto faz o idioma, a idade ou o sexo. O fascínio pelo cinema (o limpo, o envolvente, o profissional e velho Cinema das velhas matinês) é universal. Em **Summer of 42**, vislumbramos as descobertas de um adolescente. Com Burt Reynolds, vivemos um **Amargo Pesadelo**, enquanto, com Steven Spielberg, vivemos toda a sorte de sustos e efeitos especiais. Como a música, o Cinema consegue unir gerações, fazer esquecer problemas sociais. As imagens quase hipnóticas nos levam a mundos de sonho e fantasia, de verdade e mentira, de amor e ódio. A política abordada em **Vampiro de Almas**, um dos melhores filmes a que assisti, demonstra como o Cinema pode servir como meio catalisador de ideias, como uma verdadeira crítica ao totalitarismo imperante. **Imagens**, de Altman, nos levam a um mundo de labirintos na consciência humana, às vezes imperceptíveis, mas sempre operantes em nosso dia a dia . Enfim, podemos definir Cinema como uma necessidade de nossos tempos, uma fuga da rotina diária, uma válvula de escape ou simplesmente podemos defini-lo como uma das mais sublimes Artes, que, às vezes, é o próprio reflexo da nossa realidade.

Enfim, com este trabalho, procuramos democratizar um pouco mais os conhecimentos e as particularidades dos segmentos abordados, com o objetivo de, quem sabe, influenciar os leitores e fazer com que se identifiquem com o tema, despertando-os para a importância desses setores da economia, que podem contribuir significativamente para o crescimento econômico e principalmente social do país.

DR. EDMIR KUAZAQUI

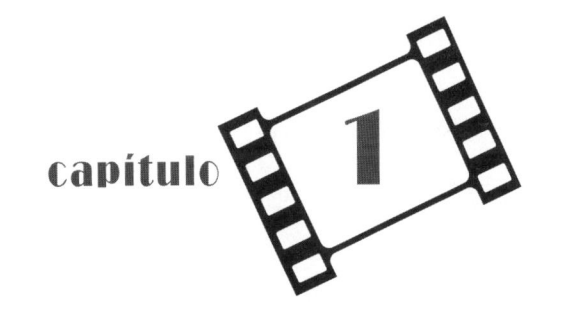

Marketing cinematográfico

Objetivos do capítulo

- ♦ Contextualizar o cinema, como estado da arte, no marketing contemporâneo.
- ♦ Conceituar e discutir a importância do marketing de entretenimento para a sociedade.
- ♦ Discutir e focar o conceito, diferenciando-o para os diversos tipos de comportamentos e movimentos macroambientais.
- ♦ Explicar as diferentes ferramentas de marketing contemporâneo e respectivas aplicações.
- ♦ Exercitar de forma prática e contextualizada os diferentes conceitos de marketing cinematográfico.

1.1 Introdução

A indústria do cinema pode ser analisada do ponto de vista teórico ou prático. A teoria do cinema trata das proposições relacionadas às outras artes e respectivas ciências, dentro de uma linha mais humanística e no sentido de traçar um histórico da evolução de ideias e conceitos. A teoria é fundamental para entender de forma profunda os principais conceitos do segmento cinematográfico, bem como suas representações e contribuições culturais e sociais.

A parte prática do cinema diz respeito ao *fazer* cinema, ou seja, às questões relativas ao roteiro, à estética e à produção de um filme. É exatamente com esse foco que este livro trata o assunto, interconectando-o com outra ciência também de forma prática, que é o estudo de mercado, e com as ações de marketing pertinentes a cada portfólio e cada segmento de mercado. Entretanto, precisará se valer também da teoria do cinema, a fim de se entender um pouco mais o produto ou serviço a ser oferecido, bem como o que move consumidores a assistirem a uma obra cinematográfica. Entretanto, essa abordagem servirá apenas como pano de fundo para as estratégias de marketing cinematográfico.

Quando tratamos de cinema, fazemos referência ao **entretenimento** como uma ferramenta de marketing associada ao marketing mix e como uma linguagem contextualizada de comunicação. O objetivo maior do cinema é entreter e divertir por meio de experiências. Já o **marketing** trata da identificação e do atendimento de necessidades e desejos humanos. Então, pode-se conceituar o **marketing de entretenimento** como uma forma de atender os desejos de determinado público a partir de um produto ou serviço diferenciado que vise ao entretenimento e à diversão.

Por sua vez, o **marketing cinematográfico** pode ser definido como um conjunto de esforços e ações devidamente planejados que buscam, de forma efetiva, que espectadores finais possam ter acesso a obras cinematográficas, independentemente de sua origem de produção. Os espectadores finais possuem necessidades e desejos específicos, que vão desde o prazer de assistir a um filme por simples diversão até a busca de outras emoções (como aqueles que buscam obras de suspense e terror) ou cultura, por exemplo. Desta forma, filmes podem atender a diferentes mercados, bem como ter diferentes portfólios e aplicações.

Diferentemente de um produto, que é criado a partir das necessidades e desejos de consumo e comercializado para determinado mercado, uma obra cinematográfica, embora possa refletir também os anseios da sociedade, parte do ponto de vista essencialmente de seu criador, produtor e diretor e como tal deve ser respeitada em relação ao seu conteúdo e formato. O marketing cinematográfico mostra como distribuir e comercializar o filme para que todo o processo do sistema de marketing se concretize, sempre respeitando a obra.

A indústria cinematográfica norte-americana é uma das mais representativas, considerando a quantidade e a diversidade de filmes, bem como as bilheterias. Embora as estratégias atuais das produtoras seja o resultado das bilheterias regionais, o mercado internacional é um importante complemento tanto de bilheteria quanto de divulgação e comercialização, assim como a venda dos filmes a outros meios e em outros formatos, como, por exemplo, a internet e a televisão.

Nessa ótica, filmes devem ter roteiros que, em um primeiro momento, possam ser considerados universais, não de fácil apelo, mas com temáticas que possam ser discutidas, democratizadas e socializadas entre seus intérpretes e espectadores. Por exemplo, *Gwoemul* (2006), de Joon Ho Bong, é um filme que bem representa a atual fase do cinema coreano. Filme de monstro, muito bem produzido e com interpretações exageradas propositais, vai se transformando em uma ácida crítica aos norte-americanos e ao seu totalitarismo político e econômico, do ponto de vista dos coreanos.

O mercado cinematográfico norte-americano é composto essencialmente por grandes estúdios, o que faz com que ocorra uma homogeneização nos processos e a utilização de *estratégias genéricas do setor*. Tal comportamento cria *barreiras de entrada e saída*, uma vez que os *stakeholders*, muitas vezes, fidelizam seus prestadores de serviços, obtendo relacionamentos que não deixam espaço para outras categorias de estúdio. Por meio desses relacionamentos, a indústria de efeitos especiais, por exemplo, atende de forma pontual às demandas de mercado de todos aqueles que podem pagar pelo serviço. Os *stokholders*, então, passam a investir em grandes produções, selecionando aquelas produtoras que possuem outros meios midiáticos, como distribuidores, jornais, revistas, internet e televisão. Um bom exemplo disso é a Time Warner, que produz filmes, faz a sua comercialização no mundo inteiro em outros formatos, anuncia, distribui e os exibe. **A estratégia adotada é a diversificação de meios.**

Dessa forma, pequenos estúdios ou mesmo os chamados independentes passam por diferentes dificuldades, que envolvem desde a produção, elenco, até a comercialização e distribuição; porém, o mercado independente tem contribuído significativamente para novas ideias e roteiros, sendo um bom exemplo o diretor e roteirista Sam Raimi.

Os Estados Unidos da América, em especial a região de Hollywood, é onde existe a maior concentração de estúdios e produtoras, portanto, um foco de especialização. Em regiões focais como essa, os fornecedores de serviços podem obter ganhos de escala, produtividade e comunicação pela proximidade dos outros envolvidos, bem como com a troca de experiências. **Dessa forma, a estratégia de concentração é muito importante para garantir o foco e a otimização de recursos e, consequentemente, de custos e despesas.**

Em relação ao porte e consequente poder de influência, o mercado cinematográfico norte-americano pode ser categorizado em três camadas, sendo por isso também denominado "sociedade de três camadas". A primeira camada é formada pelos maiores estúdios, como os da Disney, Paramount, Warner, Twentieth Century Fox, Columbia e Warner. Merece destaque a Disney, que tem adquirido, nos últimos anos, outras empresas e estúdios menores, como a Marvel, consolidando-se assim no setor de entretenimento. Essa primeira camada, além da concentração natural de bilheterias, provenientes do produto final, fazem com que os profissionais e elenco sejam disputados pelos produtores e, consequentemente, promove uma espécie de reserva de mercado e obstáculos para outros estúdios das outras camadas.

A segunda camada é formada por estúdios de porte médio e, consequentemente, menos influentes, como a Metro Goldwyin Mayer (MGM), Carolco, Miramax, Dreamworks, Orion e New Line Cinema, que buscam novas produções para garantir um espaço maior, como, por exemplo, a New Line com a cinessérie *O Senhor dos Anéis*. Esses estúdios, no passado, já integraram a primeira camada e possivelmente guardam estratégias de crescimento.

Finalmente, a terceira camada é formada pelos pequenos estúdios e os independentes. Os pequenos estúdios, geralmente, surgem a partir de filmes de boa visibilidade ou mesmo independentes. Daí deriva a importância dos independentes para oxigenar o mercado e trazer criativamente novas produções e roteiros.

Desta forma, entender a importância de mercados e portfólios se torna relevante para a criação e aplicação de estratégias de marketing cinematográfico.

♦ **Mercados** – qualquer obra deve ser analisada pela ótica de diferentes mercados, havendo uma hierarquia de importância e influência sobre aquele escolhido. Pelo prisma do mercado cinematográfico, este pode ser desenvolvido a partir de um bom roteiro e/ou ideia e alicerçado por um bom produtor e diretor. Entretanto, considerando o mercado de forma mais holística e dentro do âmbito do entretenimento e lazer, principalmente, pode-se contextualizar uma obra cinematográfica não somente a partir da visão de um estúdio ou produtor, mas a partir de outros mercados que podem contribuir antes, durante e depois de o filme estar pronto. Assim, uma boa história pode ser adaptada a partir de um livro, de um game, de uma revista, de uma peça de teatro, de uma novela de rádio, de uma série televisiva, de uma música, de um brinquedo ou mesmo de uma ideia ou lenda ou aspecto regional.

Pensando de forma sistêmica, esses mercados também podem ser parte de outros mercados consumidores que poderão interconectar-se para atender a diferentes mercados e respectivos consumidores. Esse raciocínio ficará mais claro após desenvolvermos o conceito de portfólio e nível básico.

- ♦ **Portfólio** – do ponto de vista da indústria cinematográfica, um filme pode ter seus desdobramentos naturais. Como produto, gerará receita direta pela venda de ingressos e, posteriormente, pela venda em outros formatos e canais, como DVD e TV. Considerando outros *stakeholders*, esse produto pode ser transformado em livros, revistas, brinquedos e games e ainda pode gerar receitas derivadas ao parceiro de negócios como, por exemplo, o combo (pipocas e refrigerantes) vendido em cinemas.

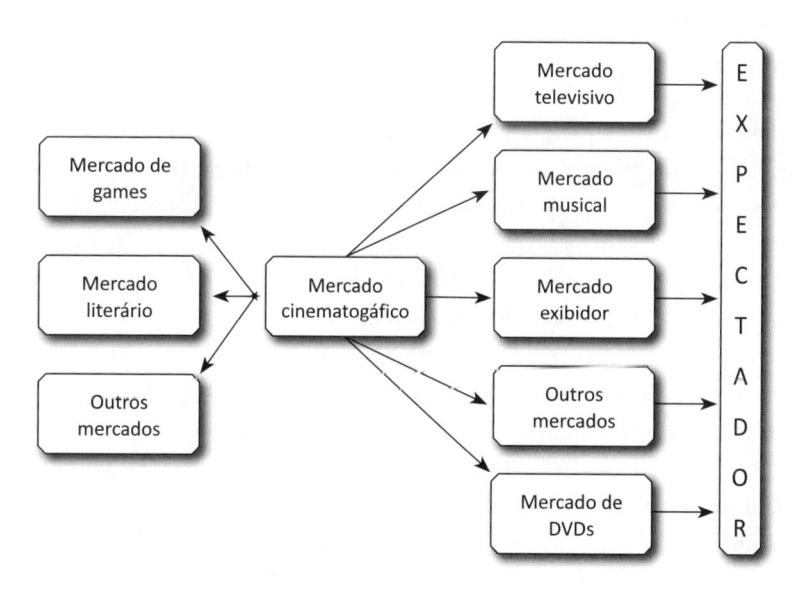

Figura 1 Mercado cinematográfico e respectivos submercados.

Para compreender melhor a tênue relação entre as particularidades do cinema e do marketing, vale ressaltar suas devidas dimensões e interconexões. Andrew (2002, p. 16) destaca, a partir das categorias derivadas de Aristóteles, as quatro dimensões relacionadas ao cinema.

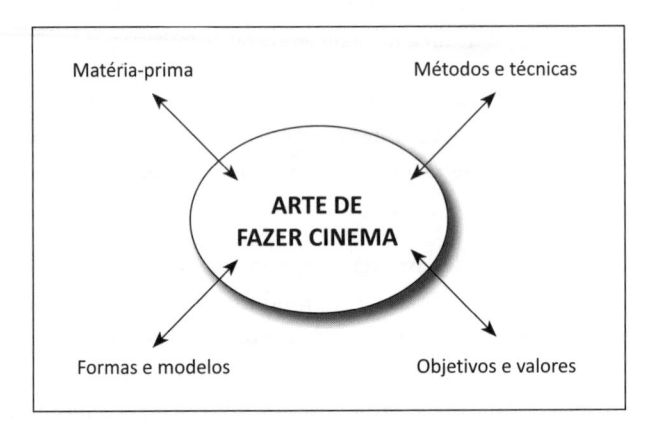

Fonte: Adaptada de Andrew (2002).

Figura 2 Dimensões relacionadas ao cinema.

A matéria-prima está diretamente relacionada aos aspectos técnicos que tornam tangíveis as propostas de cenas de um filme, como, por exemplo, a fotografia, os cenários e a iluminação, ressaltando que os aspectos tecnológicos são importantes, mas o essencial é o domínio das técnicas, para fazer as coisas acontecerem. Os métodos e as técnicas estão relacionados aos aspectos criativos, geralmente orquestrados pelo diretor e que podem ser obtidos por pesquisas qualitativas de profundidade. Um roteiro conjugado a um bom *storyboard* pode contribuir para que os métodos e técnicas traduzam cenas e efeitos com maior autenticidade, conferindo veracidade ao filme. As formas e os modelos estão relacionados ao *como* será feito, sendo uma consequência natural das duas categorias anteriores. Finalmente, os objetivos e valores estão relacionados a quais contribuições o filme poderá prestar à sociedade. Além do natural entretenimento, obras cinematográficas têm por objetivo propor reflexões sobre assuntos que envolvem desde as relações cotidianas e críticas (*Beleza Americana*, 1999, dirigido por Sam Mendes) até levantar questões como a sustentabilidade do planeta (*Uma Verdade Inconveniente*, 1996, Al Gore, dirigido por Davis Guggenheim). Cabe ao diretor a concepção artística, bem como estipular como serão aplicados os métodos e as técnicas a partir dos recursos disponíveis. A obtenção e a gestão de utilização de recursos é de responsabilidade do produtor e da produção executiva, que identificarão quais recursos – econômicos, financeiros, humanos e tecnológicos – estão disponíveis e como poderão ser aplicados.

1.2 Contribuições econômicas, sociais e culturais

Do ponto de vista econômico, é evidente a geração de empregos antes, durante e depois no sistema e cadeia de valores. Dependendo das características regionais e das estratégias públicas e privadas, pode ocorrer o desenvolvimento sustentado da localidade, onde a intensidade das atividades reverter-se-á em benefícios econômicos, financeiros e, consequentemente, sociais.

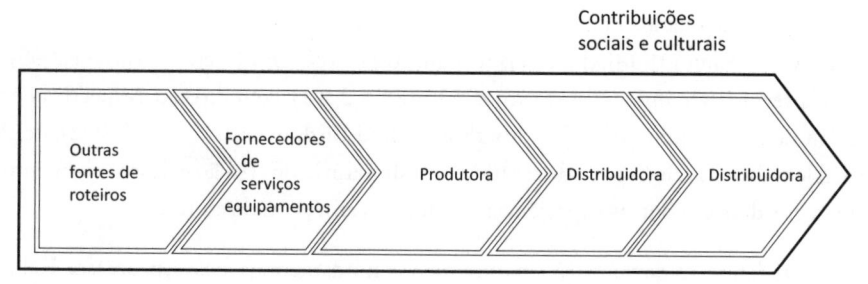

Figura 3 Modelo simplificado do sistema de valores.

O sistema de valores da indústria cinematográfica envolve os diferentes *stakeholders* que fazem parte dela e que contribuem para que o processo de entretenimento do espectador se concretize. Cada integrante desempenha funções específicas e que proporcionam contribuições significativas para o produto e, consequentemente, para o consumidor final. Nesse sistema, o resultado deve ser maior que a soma simples das partes. De modo geral, pode-se dizer desse sistema de valores:

♦ Existem *outras fontes de roteiros*, que podem ser um livro, um game, uma série de televisão, entre outras, escolhidas de acordo com a qualidade do texto e exigências do mercado consumidor.

♦ Os *fornecedores de serviços e equipamentos* são fundamentais para que o projeto possa ser desenvolvido. A produtora necessita de fornecedores de produtos e serviços variados, tais como financiamentos, seguradores, locação de equipamentos, advogados, contadores, equipe técnica, entre outros que, geralmente, são contratados por períodos de trabalho.

Ao mesmo tempo colaboradora e concorrente de peso da indústria cinematográfica encontra-se a televisão. Com advento da televisão no começo do século passado, não foram poucas as previsões do fim do cinema como entretenimento; entretanto, percebeu-se, com o tempo, que cinema e TV constituem-se em formatos diferentes que oferecem talvez o mesmo produto, mas de forma também diferenciada. Inicialmente, a televisão se tornou uma forma de entretenimento, de reunião de entes familiares. O cinema continou sendo uma forma de diversão coletiva, mas sem talvez envolvimento emocional e familiar. Na atualidade, a televisão concorre com a indústria cinematográfica com objetivo de trazer produções de qualidade, similares às do cinema, como *Games of Thrones*, série de dez capítulos cujo orçamento está em torno de US$ 50 milhões de dólares. Além da "audiência" e de produto substitutivo, elenco, diretores e equipe técnica são constatemente contratados pela tela pequena; não pelos altos salários, pois a remuneração é menor, mas porque geralmente a contratação envolve um período anual ou por temporada, garantido uma remuneração contínua. Por outro lado, a televisão também foi fonte inspiradora de vários filmes como: *Arquivo X – O Filme* (1998), de Rob Bowman; *Arquivo X – Eu Quero Acreditar* (2008), de Chris Carter; *Missão Impossível* (1996, 2000, 2008 e 2011), com direção, respectivamente, de Brian de Palma, John Woo, J. J. Abrahms e Brad Bird; e *Anjos da Lei* (2012), de Phil Lord. Além disso, a televisão pode ser um bom laboratório de criação e desenvolvimento de talentos que desejem outras experiências, sejam eles atores ou diretores.

♦ *Produtores e diretores* são naturalmente fundamentais nesse processo. Kellison (2007, p. 5) define *produtor* como aquele que cuida do projeto desde a concepção até a conclusão da distribuição, gerenciando os detalhes e etapas da produção. Também é responsável pela obtenção de recursos, parte mais importante do sistema. É a produtora que contrata toda a equipe, inclusive o diretor responsável pela construção artística do filme.

O trabalho de um complementa o do outro, sendo o diretor o maestro da orquestra; entretanto, para bem obter a melhor melodia, é necessário que se tenham os melhores instrumentos e que todos estejam afinados.

♦ *Distribuidores* são as empresas responsáveis pela entrega, controle e relacionamento com os exibidores, bem como pela intermediação financeira e pagamento para a produtora. São importantes, pois possuem *expertise* e desempenham funções específicas com melhor qualidade de resultados.
♦ *Exibidores* são os parceiros responsáveis por exibir os filmes, bem como pela divulgação e promoções locais. A atuação dos exibidores se assemelha à do varejista de produtos físicos, pois são de sua responsabilidade tanto o contato quanto a venda ao consumidor final, bem como os meios e instrumentos necessários para a correta exibição.

Pode-se perceber então que todos os envolvidos desempenham funções específicas; todos possuem responsabilidades, comportamentos, direitos e deveres específicos que agregam valor ao produto final – a diversão por parte do consumidor final. Desta forma, todos os envolvidos são devidamente identificados, selecionados e remunerados, fazendo parte do projeto que irá gerar a obra cinematográfica. Esse agregado de valores pode ser traduzido ao espectador como mensagens diferenciadas a partir de sua percepção em comerciais, anúncios ou *releases*, entre outros – ou seja, marketing cinematográfico.

Comentários: Do ponto de vista cultural, a magia do cinema pode transportar o espectador para diferentes roteiros e situações. *O Exótico Hotel Marigold* (2011), dirigido por John Madden, é um daqueles filmes que passaram meio despercebidos pelo grande público nos cinemas, seja por ser uma produção inglesa, seja pela temática ou até porque os nomes estelares estejam mais ligados ao teatro, como Judi Denchi, Maggie Smith, Bill Nighy e Tom Wilkinson. Classificado como comédia no Brasil (e não poderia, talvez, haver pior classificação para este filme), o filme faz lembrar um pouco as produções bollywoodianas, inclusive pela presença de Dev Patel (de *Quem Quer Ser um Milionário?*). O roteiro trata de uma série de histórias de personagens solitários, desolados e até excluídos, que se encontram no referido hotel, dirigido por Sonny (Patel) e tendo como pano de fundo a emergente Índia. Pano de fundo? Em voo internacional, tive o prazer de assistir ao filme e gostei bastante da caracterização do cenário indiano, suas tradições e contradições culturais em contraponto com o Ocidente, retradas via olhar inglês. Para aqueles que lidam com marketing internacional, não considerem exagerada a relação da serviçal com a personagem de Maggie Smith e notem a questão da quantidade de alimento servida para a convidada. Embora pareça pouca, a quantidade é grande para os padrões da casta da personagem indiana e tem uma simbologia de respeito e hospitalidade. Também notem a grande gafe da personagem inglesa em relação às crianças indianas. No mais, recomendo o filme, que tem dois atores que respeito muito (Denchi e Nighy) e uma história leve e comovente. Não chega a ser um filme com a acidez de Danny Boyle, mas vale como obra representativa da cinematografia.

Feitas essas considerações, evidenciam-se, assim, as diferenças entre um produto tangível como um automóvel, por exemplo, mas também as semelhanças com outros tipos de produtos e serviços, como os serviços médicos ou mesmos aqueles que tangenciam a arte, como obras de artistas plásticos e livros; daí uma importante interconexão de conteúdos e valores.

Respeitando as devidas proporções e contextualizando com a área de marketing, temos a representação do conceito de portfólio na Figura 4.

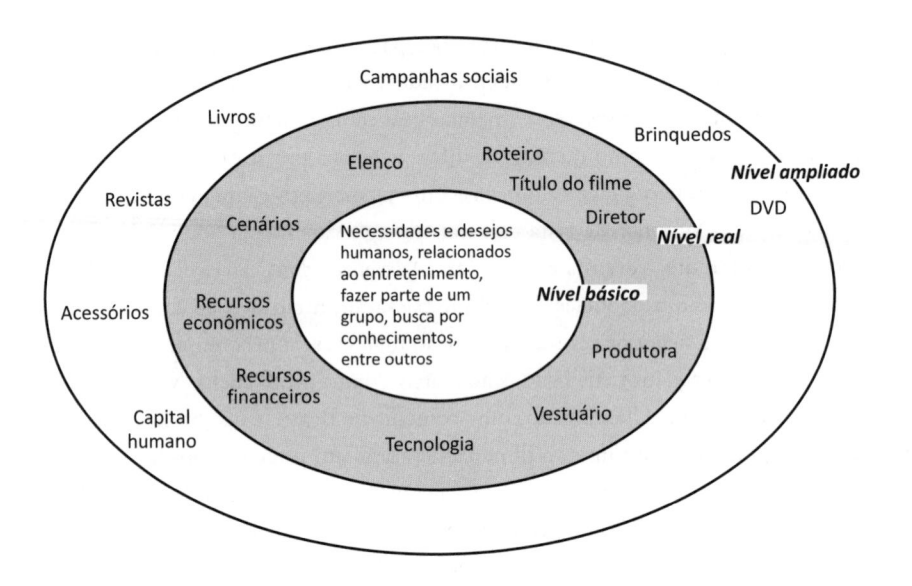

Figura 4 Portfólio de produtos e serviços cinematográficos.

O nível básico é um dos pontos mais importantes de uma obra cinematográfica e remete diretamente ao nível básico de um produto ou serviço, que expressa literalmente que tipo de necessidade e desejo o produto ou serviço atenderá no curto, médio e, principalmente, no longo prazo. Como exemplo pontual, temos o caso do escritor Stephen King, que durante a década de 1980 foi considerado um dos maiores escritores de livros de terror da história. Se permanecesse desta forma, teria grande dificuldade na migração para outras mídias, como o cinema, televisão e internet, e também dentro de outros formatos como o cinema e telesséries. Mas trataremos desse assunto mais adiante, quando abordarmos a questão dos livros que foram adaptados para filmes.

Uma boa ideia e um bom conceito, para se materializarem, precisam de um roteiro bem desenvolvido e articulado, que faça sentido para o espectador. No roteiro, o argumento e a retórica dos roteiristas, argumentistas ou guionistas devem estruturar um texto dentro de uma linha de raciocínio que gere, preferencialmente, um *storyboard*, no sentido de amarrar tal narrativa com os aspectos visuais e artísticos. Não é simples a construção da narrativa inicial, pois deve fazer sentido para o público-alvo, levando-se em conta que cada época e região caracterizam-se pela existência de diferenças culturais, econômicas e sociais. Pensando dessa forma, um bom roteiro deve resultar em um bom conjunto de diálogos e imagens, devidamente equilibrado e contextualizado para o espectador.

A partir da elaboração desse roteiro, é necessário um bom diretor, que possa orquestrar artisticamente os diálogos e imagens de forma a gerar uma perfeita compreensão do filme por quem o assistir. Daí a necessidade do *storyboard*. Posteriormente, na gravação, para atender ao planejamento de produção, é necessário que o filme (ou o capítulo de uma série) seja dividido em cenas numeradas e devidamente integradas aos cenários e atores para que haja compatibilidade de recursos cênicos e respectivas agendas.

Esse "plano estratégico" visa à melhor otimização dos recursos financeiros, uma vez que grande parte da equipe de produção é terceirizada e os cenários estão inseridos numa agenda maior, que, às vezes, atende a um calendário regional; da mesma forma, tanto os profissionais quanto os atores têm necessidade de cumprir agendas específicas que contribuam para a sua satisfação profissional e financeira.

Como exemplos, temos o primeiro longa-metragem da cinessérie *Matrix*, cuja proposta inicial foi recusada pelos estúdios. Os diretores tiveram de produzir e dirigir outro filme (1996), *Ligados pelo Desejo*, para provar suas capacidades a fim de, posteriormente, obterem carta branca para aquele filme.

Devido ao grande sucesso, considerado um divisor de águas na linguagem cinematográfica (*bullet time*, por exemplo), *Matrix* gerou duas sequências que, se não superaram a originalidade do primeiro, pontuaram claramente a excelente utilização da tecnologia e dos recursos – os dois longas-metragens foram rodados simultaneamente, otimizando tempo e recursos. Mais que a economia, a estratégia gerou um resultado cinematográfico mais consistente. Apronfundaremos esse conceito no tópico Ciclo de vida aplicado a uma nova obra cinematográfica.

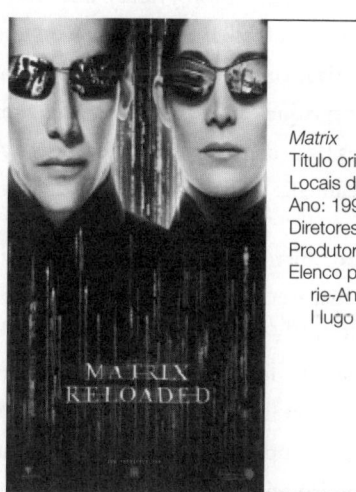

Matrix
Título original: *The Matrix*
Locais de produção: EUA/Austrália
Ano: 1999
Diretores: Andy e Larry Wachowski
Produtor: Warner Bros
Elenco principal: Keanu Reeves, Carrie-Anne Moss, Laurence Fishburne, Hugo Weaving, Joe Pantoliano.

Archives du 7e Art/Warner Bros/Photo 12/Easypix Brasil

Figura 5 *Matrix.*

Comentário: Uma das obras mais representativas do cinema criativo e inovador do século XX. Antecipando as novas tecnologias e a necessidade de novas linguagens, este filme narra os opostos, a religião, o credo, dentro de uma grande movimentação cinematográfica.

Matrix foi o precursor de uma linguagem cinematográfica baseada em multimídia e as tendências de imagem alicerçadas em novas tecnologias (*bullet time*). Drama de ação e ficção científica, mistura elementos de mitologia, artes marciais, religião, entre outros assuntos contemporâneos para a criação de um roteiro único e inovador. Gerou duas sequências: *Matrix Reloaded* (2002) e *Matrix Revolutions* (2003), além de desenhos animados (*Animatrix*), histórias em quadrinhos e o jogo *Enter the Matrix*, baseado no segundo longa metragem.

Mas, pensando de forma operacional, há sempre a necessidade de adequar também o curto prazo da produção de um filme, uma vez que existem os cenários envolvidos e as filmagens externas – que podem contribuir de forma positiva para a credibilidade e para a construção artística da imagem, como as cenas que retraram o dia e a noite, o amanhecer, entre outras. O filme *Miyamoto Musashi* (1948), de Kenji Mizoguchi, retrata a história japonesa de dois samurais que se embatem e um deles, com menor técnica, escolhe determinado horário da manhã para duelar, devido ao reflexo do sol.

Um bom roteiro deve necessariamente ter três partes bem distribuídas e desenvolvidas de acordo com sua intensidade: a Introdução, que precisa tornar clara, ao espectador, a proposta do filme (merecem destaque nesse quesito a fotografia e o campo de concentração, em preto e branco, em *X-Men – O Filme*, 2000, de Bryan Singer); o Desenvolvimento, que deve trazer uma narrativa argumentativa, com uma sequência de acontecimentos e situações que tornem a história mais factível e que esteja conectada com a terceira parte, o Desfecho da história. No decorrer das três partes, personagens devem estar devidamente estruturados, num roteiro bem feito. Basicamente, existem dois tipos de roteiro:

♦ Um roteiro novo, que traz uma boa história. Pode surgir da iniciativa de um escritor roteirista que escreve sua história, faz o registro do roteiro para, depois, comercializá-lo. Porém, o mais usual na indústria cinematográfica é que um roteiro seja elaborado por encomenda de um estúdio cinematográfico para atender a um projeto específico. Nesse caso, geralmente, os grandes estúdios têm sob seu comando roteiristas contratados para suprir as frequentes e diferentes demandas. Em ambos os casos, para que o roteiro seja aceito, a construção do texto em inglês deve atender à formatação exigida pelos estúdios. Após a elaboração formal do roteiro, é necessário salvaguardar seu direito de uso e comercialização com o registro obrigatório. No Brasil, o registro formal do roteiro deverá ser, inicialmente, efetuado no Escritório de Direitos Autorais da Biblioteca Nacional, da mesma maneira que outras obras literárias. Posteriormente, outro registro importante é no Writer's Guild of America West (Califórnia) ou East (Nova York), uma vez que grande parte da produção mundial é originada do mercado norte-americano. Uma vez salvaguardados os direitos de uso, há a necessidade de um agente que possa representar o escritor roteirista diante dos grandes estúdios internacionais. Mas, além de a oferta de roteiros poder ser feita pelo próprio autor ou representante, ela pode ocorrer por meio da participação em concursos internacionais de roteiros, em que bons textos geralmente ganham melhor visibilidade, principalmente em razão da atual falta de roteiros criativos e inovadores.

♦ Um roteiro preexistente. Com uma consulta ao livro *Hollywood Creative Directory Staff*, atualizado anualmente, é possível conhecer produções de todos os tempos, que podem passar por uma releitura e ser objeto de refilmagens. Nesse caso, deve--se enviar cópia do roteiro para produtores que podem dar um *feedback*, mesmo que negativo, dos conteúdos apresentados, mas que posteriormente podem ser aprimorados para reenvio.

Um roteiro deve ser criativo ou inteligente e *cult*? Lars Von Trier se enquadra nesta segunda categoria. Em *Dogville* (2003), por exemplo, ele não só escreveu o roteiro, mas também foi responsável pela e direção. O filme narra a história de Grace (Nicole Kidman), que procura refúgio e abrigo na cidade montanhosa habitada por uma família de mineiros que a acolhe. Depois que parte da verdade é descoberta, tornam-se algozes, mas ao final um segredo é revelado. Chama a atenção nesse filme também o fato de que não existem cenários. Os elementos cênicos estão desenhados no chão, seguindo a linha primitivista, despojada, do movimento dinamarquês Dogma 95. Como toda obra desse diretor, trata de pontos viscerais do relacionamento humano (como também em *Ninfomaníaca*: volume 1, 2013, e *Ninfomaníaca*: volume 2, 2014 – ápice de sua obra) e da violência norte-americana.

Outro exemplo contundente é *Rashomon* (1950), de Akira Kurosawa, que narra a história de um crime e apresenta a história do ponto de vista de quatro personagens, inclusive do próprio morto (por meio de um médium). Esse roteiro, em que todos atestam culpa, foi considerado totalmente inovador em relação à narrativa cinematográfica.

Esses exemplos mencionados evidenciam que a qualidade é o melhor marketing de uma produção cinematográfica e que o roteiro tem um papel importantíssimo para a produção cinematográfica, tanto do ponto de vista mercadológico, quanto do criativo e também de profundidade. Ele é o ponto inicial; é a partir de um bom roteiro argumentativo que uma obra cinematográfica começa a se tornar tangível e tem possibilidade de obter bons resultados comerciais.

Os outros níveis (real e ampliado) são decorrências naturais do nível básico. Como exposto na Figura 4, o nível real representa a tangibilidade do roteiro, seja pelos instrumentos utilizados, seja pelos recursos alocados e devidamente gerenciados – lembrando que é de responsabilidade do estúdio tanto a obtenção quanto a articulação desses recursos para que o resultado artístico seja alcançado. O nível ampliado decorre dos produtos e serviços derivados do principal e que podem trazer receitas adicionais por meio de parcerias, além de maior exposição da imagem do filme antes, durante e principalmente depois de sua exibição. A análise de outros produtos e serviços considerando os diferentes *stakeholders* é consequência de uma visão sistêmica e necessária para que o projeto se concretize.

1.3 Estratégias de marketing para o mercado doméstico

De forma geral, as demandas iniciais se referem ao mercado interno do país de origem da produção, denominado mercado doméstico em Marketing Internacional. Em marketing cinematográfico, as estratégias estão diretamente relacionadas ao composto de marketing, formado pelos 4 p's (Produto, Preço, Promoção e Praça). Como desenvolvemos o conceito de Produto (filme), trataremos agora essencialmente das estratégias de Promoção. Esta ferramenta possui uma série de instrumentos que podem ser categorizados da seguinte forma:

Quadro 1 Estratégias de promoção cinematográfica

Propaganda	Estímulo de longo prazo, que visa criar relacionamentos, imagem favorável e posicionamento para o filme, diretor, roteirista e estúdio. Caracteriza-se pelo alto investimento, considerando os tipos e meios envolvidos, como, por exemplo, o meio televisivo e a inserção de anúncios, geralmente efetuados para informar a grande massa do lançamento de um filme. Esses investimentos ficam sob a responsabilidade dos produtores.
Relações públicas	Estímulo de longo prazo, que visa criar e desenvolver relacionamentos com diferentes *stakeholders*, denominados públicos de interesse (diretos e indiretos). Pode-se considerar um investimento relativamente alto e complexo, pois, por vezes, depende do nível de relacionamento entre os envolvidos com os meios e veículos de comunicação. É de responsabilidade dos produtores e distribuidores.
Promoção de vendas	Estímulo de curto prazo, que visa incentivar a venda da obra cinematográfica. Caracteriza-se como investimento de curto prazo, tendo como meta maior o incentivo à venda do ingresso e, dessa forma, a masterização da receita. É de responsabilidade dos distribuidores e também dos exibidores.
Venda pessoal	Estímulo de curto prazo, que visa consolidar o processo da venda. Investimento de curto prazo cuja meta maior é a conversão do relacionamento em venda do ingresso. É de responsabilidade direta dos exibidores.

Fonte: Autor.

Existem diferentes formas de divulgação de um filme, levando-se em consideração o tipo, as características do público, bem como os recursos disponíveis. *A priori*, uma boa campanha de marketing deve estar atrelada a um programa de comunicação integrada, antes, durante e depois do lançamento.

No antes, os diferentes canais de comunicação podem servir como forma de gerar demanda primária, o que, geralmente, pode ser efetuado por *releases* em diferentes veículos de comunicação, como revistas, jornais e internet, a fim de estimular a vontade e criar ansiedade para assistir ao filme, principalmente na época de lançamento. Dessa forma, as ações de relações públicas, por meio da assessoria de imprensa, tais como os *news* e *press releases*, podem facilitar a inserção de materiais e reportagens sobre os filmes a serem lançados e, posteriormente, podem fazer a intensificação das campanhas de forma mais forte por meio de propaganda, como comerciais em televisão e venda mais agressiva e direcionada, envolvendo ações promocionais nos pontos de venda e utilização de diferentes peças de divulgação.

O importante na utilização das ferramentas é garantir que, na época do lançamento, o filme seja mais rentável, garantindo que o retorno financeiro do investimento seja o mais sadio possível. Portanto, a intensidade equilibrada da utilização das ferramentas é importante para consolidar o processo de comercialização do filme.

- ♦ *Trailers* – Mediante negociação prévia entre os produtores, distribuidores e exibidores, os *trailers* se constituem a forma mais tradicional e convencional para se criar a expectativa pelo lançamento de um filme. Costumam ser criteriosamente editados e montados para gerar interesse sem, contudo, contar a história e os possíveis desdobramentos do roteiro. Devem despertar o interesse, suscitar dúvidas e deixar o espectador curioso e motivado para assistir a película. Nem sempre o que se apresenta como conteúdo em um *trailer* está no filme completo, como, por exemplo, em *Robin Hood – O Príncipe dos Ladrões* (1991), de Kevin Reynolds, em que trechos, como o da flecha em direção à árvore, não estão presentes no filme.
- ♦ *Site* oficial – A criação de um site oficial antes do lançamento de um filme pode angariar mais frequentadores, bem como gerar outras formas de rentabilidade. Nesse espaço, pode-se incluir o *trailer* oficial bem como suas variações e versões; além disso, podem ser oferecidas informações gerais, *gossips*, curiosidades, cenas inéditas e aquelas que foram excluídas, erros, além de documentários e outros formatos que podem gerar interatividade, como *games*, *quizz show* e sorteios. A ideia, além de oferecer informação, é gerar relacionamento e proximidade com o espectador e pessoas próximas a ele.
- ♦ Comerciais em televisão – *Trailers* podem ser exibidos em TV para informar as massas sobre o lançamento do filme. Geralmente, a prática é a exibição seletiva

(devido ao alto custo do investimento), duas semanas antes do lançamento oficial. Pode-se aumentar a intensidade da exposição por meio da criatividade. O *trailer* do longa-metragem *Wolverine Imortal* (2013) foi exibido na novela *Amor à Vida* (2013) da Rede Globo, como parte do roteiro desta. A ideia é interessante e inovadora, tanto pela inserção em formato diferenciado quanto pela questão da audiência, já que os intervalos geralmente apresentam queda significativa desta, pois o grau de retenção é menor. Outra possibilidade é avisar, antecipadamente, que determinado *trailer* de filme (que pode ser estendido) será exibido no interprograma de uma novela, aliás, como a mesma emissora já realizou.

◆ Relações públicas – Antes do lançamento, é possível a aplicação de *new releases* e *press releases* a fim de fornecer aos veículos de comunicação material escrito, fotográfico e gravado para a divulgação, lembrando que revistas, jornais e televisão, por exemplo, necessitam desse tipo de material de conteúdo para sobreviver. Como exemplos pontuais, temos suplementos como o Caderno 2 do jornal *O Estado de S. Paulo*, que apresenta geralmente às sextas-feiras matéria de capa sobre o principal lançamento da semana. Outra é a revista *Preview*, que antecipadamente publica material referente a lançamentos do mês seguinte.

◆ Coletivas de imprensa e entrevistas – Na época do lançamento, pode-se convocar a imprensa para entrevistas e debates. Tom Cruise visitou vários países para divulgar seu *Oblivion* (2013) e Brad Pitt teve de cancelar sua viagem também em 2013 para divulgar *Guerra Mundial Z*, em decorrência de manifestações de rua que repercutiram negativamente na comunidade internacional. Finalmente, *Rio 2*, animação de Carlos Saldanha, teve espaço na contagem regressiva para 2014 na cidade do Rio de Janeiro, o que ocasionou uma série de reportagens e entrevistas.

◆ Marketing viral – Com as mudanças comportamentais das últimas décadas, a internet se tornou uma grande fonte de confluência e influência ainda não estudada completamente para a divulgação de produtos e serviços. Tornou-se, assim, obrigatória a inserção de formatos diferenciados nas redes sociais a fim de gerar sentimento positivo e propaganda espontânea. *A Bruxa de Blair* (1999) é um dos principais exemplos pioneiros dos resultados obtidos a partir do marketing viral, com notícias postadas na internet, confundindo o público, o qual começou a acreditar que a história era real.

◆ Mídia interna, ambientação e material de ponto de venda (PDV) – o ambiente do cinema pode favorecer a divulgação de filmes que serão ou que já estão sendo exibidos. Materiais como cartazes, totens, fotos e faixas podem influenciar o processo de decisão do espectador, mudando até a sua escolha inicial. Segundo pesquisa, 10% dos entrevistados decidem a que filme irão assistir no próprio cinema, a partir de pesquisa *in loco* de materiais de consulta, como os jornais internos e telas eletrônicas de programação. Tornou-se também prática usual a divulgação em mídia no metrô, seja nas paredes das dependências das estações, seja no lado externo dos trens, geralmente com adesivagem específica. Outra forma de atrair públicos de última hora é a distribuição de cupons de descontos nas principais vias de entrada do cinema, bem como brindes diferenciados como copos e similares. Geralmente, esse tipo de ação é patrocinado pelo distribuidor, pois o exibidor tem baixa margem de retorno.

◆ Mídia extensiva – A utilização de *outdoors*, a exposição dos nomes dos filmes em letreiros impressos e eletrônicos em cinemas abertos e outras formas de comunicação externa ajudam a estimular a lembrança e a vontade de assistir ao filme.

◆ Produtos derivados – Os produtos derivados dos filmes, como brinquedos, camisetas, calçados, cadernos e brindes oferecidos, por exemplo, em redes de *fast-food*, como o McDonald's, ajudam a melhorar a exposição espontânea e gerar interesse pelo filme. Uma das razões para se veicular propaganda em mídia eletrônica ou interna, fazendo-se promoções, é que o varejo tem uma grande movimentação de pessoas e a exposição, integrada à propaganda em TV e revista, reforça a marca e a identidade do filme, ajudando nas bilheterias. Além disso, a própria propaganda dos parceiros também auxilia nas vendas de ingressos.

Em suma, existem diferentes ações que podem ser aplicadas no lançamento de um filme. A comunicação integrada de marketing, conforme visto nos itens anteriores, auxilia na integração e sinergia dos meios e veículos, possibilitando uma melhor exposição e maior influência no consumo da obra cinematográfica.

A verba publicitária está intimamente relacionada à expectativa de receita do filme, necessitando, entretanto, de um controle e avaliação rápida para eventuais ajustes que possam ser necessários. É importante ressaltar que o espectador consuma, essencialmente, um serviço – o da exibição, que passou por todo um investimento em pesquisa, planejamento, produção e direção. O retorno e a sustentabilidade dependem dos resultados das ações pontuais, diretas e indiretas de marketing, além de um pouco de criatividade e inovação.

1.4 Comunicação integrada e posicionamento estratégico competitivo

A Comunicação, no sentido mais amplo do ponto de vista corporativo, pode ser definida como um conjunto de esforços que resultam em ações, que necessitam de sinergia para que os recursos utilizados se revertam nos melhores resultados de bilheteria e de exposição, uma vez que o ciclo de vida útil comercial de um filme em cinemas é relativamente pequeno comparativamente aos produtos tangíveis e serviços que geralmente podem ser utilizados várias vezes.

Desta forma, deve haver um planejamento de comunicação, com o estabelecimento de objetivos e metas, sejam elas comerciais ou artísticas. Embora aqui utilizemos a bilheteria obtida como medidor de resultados, também existe a possibilidade de os resultados serem aferidos pela ótica artística. Feita esta consideração, esse conjunto de esforços deve ser sinérgico e integrado, de forma a atingir os diferentes *stakeholders* e *stokholders* envolvidos. Essa integração envolve os diferentes meios e veículos antes, durante e depois do lançamento da obra cinematográfica.

Além dos resultados citados, um filme pode gerar uma imagem positiva de atores e diretores junto ao meio, promovendo um posicionamento estratégico favorável que pode solidificar a própria "marca" do filme. Podemos citar alguns exemplos, como o de Woody Allen, que é considerado um mentor intelectual; de Steven Spielberg, visto como o eterno Peter Pan; e de Michael Bay, tido como um fazedor de barulho. O ator Christian Bale, por sua vez, visitou hospitais infantis depois do lançamento de *Batman – O Cavaleiro das Trevas* a fim de obter imagem favorável e talvez atenuar um pouco o lado sombrio do filme.

Vale ressaltar que, tanto a comunicação integrada quanto o posicionamento são resultados de um bom filme, com roteiro consistente e boas atuações. De nada adiantam ações para sustentar um produto sem qualidade.

1.5 Conclusões

Ao se contextualizar a indústria do cinema no mercado internacional, o conceito contemporâneo de hiperglobalização se evidencia, mas com algumas restrições. Dicken (2010, p. 25) ressalta que:

> Nesse mundo, a "globalização" é a nova ordem econômica, política e cultural. É um mundo em que Estados-nação não são mais atores significativos em unidades econômicas importantes, e em que as preferências e culturas do consumidor são homogeneizadas e satisfeitas com o fornecimento de produtos globais padronizados, criados por corporações globais sem qualquer fidelidade a local ou comunidade.

Mas, em primeiro lugar, para que um produto cinematográfico possa ser internacionalizado, é evidente a necessidade de recursos econômicos e financeiros corporativos, que possibilitem que a obra seja produzida com determinado nível de qualidade argumentativa e que possa ser comercializada em outros países. Entretanto, esse fato limita a exposição das obras dos pequenos produtores a mercados regionais, e faz com que precisem adotar outras ações e estratégias que possibilitem a comunicação e a exposição de seu trabalho, como festivais (como o Sundance, por exemplo), circuitos alternativos e eventos internacionais. Por outro lado, as novas mídias e a internet representam a possibilidade de um nível de comunicação e consequente informação e aquisição internacional.

Em segundo lugar, deve-se lembrar que a própria conceituação de marketing se opõe à ideia de padronização, principalmente levando em consideração a variável cultural que, pela sua essência, pode estar associada a filosofias representativas do momento histórico, além de associada a questões regionais. Desta forma, a cultura é um grande diferencial em obras cinematográficas, pois possibilita argumentos que podem fazer refletir e gerar conhecimentos e discussões de assuntos variados.

Entretanto, a globalização pode, sim, influenciar a produção de obras cinematográficas, na medida em que determinadas regiões do planeta podem gerar incentivos e barateamento de custos e despesas.

Entender a dinâmica dos comportamentos e dos movimentos econômicos, demográficos e culturais das diversas regiões do mundo é de total importância para a criação, o desenvolvimento e a comercialização de produtos relacionados à indústria do entretenimento, sobretudo no que diz respeito à indústria cinematográfica, a fim de se descartar a ideia de que muitos produtos devem ser destinados somente a mercados regionais. Não que todos os produtos devam ser criados essencialmente para a internacionalização, mas que possam ser conceituados e planejados de forma a poderem atender à demanda externa. Inúmeros são os benefícios desse tipo de pensamento.

Na verdade, para pôr em prática esse planejamento, é necessário interpretar, a partir da dinâmica do comportamento e respectivos movimentos, o melhor roteiro que se adéque às necessidades e desejos dos respectivos mercados. Além disso, deve-se identificar os diferentes meios de distribuição e divulgação, bem como as devidas estratégias adaptadas para cada região.

Como ponto final para o capítulo, deixamos uma reflexão mercadológica: O marketing é necessário à indústria cinematográfica para tornar disponível democraticamente uma obra de conteúdo artístico a determinado público. Os conteúdos de ordem criativa são de responsabilidade total do diretor, produtor e equipe técnica, bem como do elenco envolvido. Em momento algum o marketing restringe a ideia, muito pelo contrário: ele a expande de todas as formas.

Perguntas para reflexão

1. Quais são as principais diferenças e semelhanças entre o marketing, marketing de entretenimento e o marketing cinematográfico?
2. Em dez linhas, explique as razões e importância de um bom roteiro do ponto de vista do marketing cinematográfico.
3. Como incorporar as questões sociais e culturais em um roteiro sem incorrer no óbvio?

4. Como o marketing viral pode contribuir para o sucesso (ou fracasso) de um filme?
5. Explique como os diferentes componentes da cadeia cinematográfica podem agregar valor ao produto final – o filme.

Exercícios

1. Assista à versão atual de *Os Três Patetas* (2012), dirigida pelos irmãos Farrely. Aponte os pontos positivos e negativos e indique como o filme poderia ter sido mais bem aproveitado.
2. Assista ao filme *Superman: O Retorno* (2006), de Bryan Singer, e identifique situações de marketing institucional relacionadas às companhias aéreas. O que você achou deste tipo de marketing?
3. Compare as versões de *O Homem de Aço*, de Zach Snyder (2013), de Bryan Singer (2006) e dos anteriores, principalmente os dois primeiros, dirigidos por Richard Donner (1978) e Richard Lester (1980). Que conceitos, argumentos e diferenças estão relacionados a cada versão? Que ações foram incorporadas e eliminadas na versão de 2013 em relação às anteriores?
4. Observe, nos cinemas, as formas de promoção de vendas e identifique outras possibilidades de divulgação e venda de ingressos.
5. Por meio de pesquisa informal com seus amigos, identifique filmes ou respectivos trechos que apresentem mensagens para a sociedade.

capítulo 2

A indústria cinematográfica e o marketing internacional

Objetivos do capítulo

♦ Contextualizar a indústria cinematográfica no mercado internacional.

♦ Introduzir o conceito de marketing internacional contextualizado com a indústria cinematográfica doméstica e internacional.

♦ Explicar como é utilizado como ferramenta de análise o ciclo de vida de uma obra cinematográfica, levando em consideração o mercado internacional.

♦ Discutir as principais estratégias referentes a cada fase do ciclo.

♦ Discutir as estratégias de entrada e operação em mercados internacionais.

2.1 Introdução

Marketing internacional é um conceito de Philip Kotler da década de 1980, que traduz a importância de as empresas desenvolverem suas estratégias e negócios globalmente. Na década seguinte, a sua frase "Pensar globalmente, agir localmente" marcaria definitivamente essa ideia e, por vezes, se tornaria uma ideologia de negócios corporativos, em que a presença internacional se tornaria um diferencial competitivo a partir de uma imagem institucional globalizada.

Como profissional e professor de Administração e Relações Internacionais, defendo a tese de que o conceito não deve ser aplicado somente à exportação (como boa parte das empresas e pessoas o fazem) de bens tangíveis e outras estratégias de entrada e operação em mercados internacionais, mas a todos os segmentos de negócios, incluindo o setor de entretenimento (Kuazaqui, 2007).

No setor cinematográfico mundial, por exemplo, essa ideia tem ganhado espaço, pois antes a receita local das bilheterias dos cinemas era a mais importante e só em segundo lugar vinha a venda para a televisão, diferente do que ocorre hoje, quando prepondera o pensamento global. Assim, já se foi o tempo em que uma produção podia ocasionar a falência de um estúdio de cinema, como ocorreu com *Heaven's Gate* (1980), de Michael Cimino, que custou em torno de US$ 50 milhões para o estúdio Paramount Pictures

Corporation, mas rendeu apenas cerca de US$ 1 milhão no mercado estadunidense, fazendo com que o estúdio pedisse concordata. Mais recentemente, em 2012, *John Carter*, produção de US$ 200 milhões, foi um retumbante fracasso dos estúdios Disney, que nem por isso faliram. O filme custou, ainda, outros US$ 100 milhões em marketing totalmente equivocado, que influenciou negativamente nos resultados do estúdio no referido período. Mundialmente, deveria faturar pelo menos US$ 700 milhões para recuperar o capital. Chegou a US$ 269 milhões. O erro foi tão grave que forçou a demissão do presidente do estúdio, Rich Ross. Outro exemplo é *47 Ronins* (2013), dirigido por Carl Rinsch e estrelado por Keanu Reeves. Com uma produção que custou cerca de US$ 150 milhões, além do marketing, teve desempenho fraco na primeira semana de exibição nos cinemas estadunidenses e japoneses, obrigando a Paramount a rever seus dados de resultados financeiros. O filme nem sequer constou nas dez maiores bilheterias nos cinemas estadunidenses na segunda semana após o lançamento. Infelizmente, é mais um exemplo de que o marketing é muito mal aplicado na indústria cinematográfica, pois, nesse caso, por exemplo, não houve pesquisa suficiente para identificar o que deveria ter sido oferecido, bem como que ações de divulgação e marketing deveriam ter sido colocadas em prática.

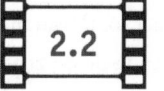 2.2 Breve análise da realidade da indústria cinematográfica no cenário internacional

O mercado doméstico de um país pode ser representado pelas suas características e particularidades econômicas e sociais. Dessa forma, boa parte do investimento inicial de uma produção cinematográfica parte de ideias e investidores locais, que podem garantir que aspectos locais, regionais possam ser evidenciados no produto final – neste caso, um filme. Ilustrativamente, podem-se citar os filmes: *O Pagador de Promessas* (1962), de Anselmo Duarte; *Lampião, O Rei do Cangaço* (1964), de Carlos Coimbra, considerando o mercado doméstico brasileiro, e *Os Sete Samurais* (1954), de Akira Kurosawa, considerando o mercado nipônico.

Do ponto de vista da indústria cinematográfica, a instituição responsável por questões que envolvem produções estrangeiras no Brasil é a Agência Nacional do Cinema (Ancine). A instituição concede informações sobre como estrangeiros podem realizar filmes, intermedeia o processo de concessão de vistos para a equipe técnica e elenco, bem como outras particularidades referentes aos processos de internacionalização. Existe a necessidade de inclusão de produtora brasileira no processo de apoio ao processo. A produção de uma obra audiovisual estrangeira, com exceção de obra jornalística, em território nacional está devidamente regulamentada pela instrução normativa nº 79, de 15 de outubro de 2008. Em suma, a Ancine tem como responsabilidade a entrada legal da produtora estrangeira, bem como a garantia de que as operações diretas ao segmento ocorram de acordo.

Outra entidade que deve ser contatada é a Aliança Brasileira de Film Commissions (Abrafic), por meio das Films Comissions Regionais, responsáveis pelas questões jurídicas, legais e técnicas relacionadas às locações, contratação de técnicos em território nacional, entre outras responsabilidades.

Finalmente, a Empresa Brasileira de Turismo (Embratur) deve ser contatada para informações sobre estadia da equipe técnica e elenco, bem como outras particularidades que possam envolver as filmagens em ambientes abertos.

No cinema contemporâneo, existem várias formas de lançar uma obra nos diferentes mercados nacionais e internacionais. Anteriormente, as produções da maioria dos países eram direcionadas exclusivamente para o respectivo mercado doméstico e poucos eram os filmes que tinham condições de serem conhecidos fora das fronteiras e terem destinos diferentes, como a venda direta para a televisão, o que amplia os públicos. Casos como o do *Portal do Paraíso*, de Cimino, anteriormente citado, obrigaram as grandes produtoras a adotarem critérios mais seletivos na escolha do que produzem, além de reduzirem custos e despesas ao optarem por outros meios de veiculação. Tais critérios passaram a ser requisitos para a obtenção de financiamentos e seguros bancários, com a imobilização dos recursos financeiros do estúdio durante o período da produção (pré e pós, inclusive) e comercialização. Passaram a ser efetuadas parcerias com empresas de produtos (como brinquedos) e venda de espaços dentro dos filmes, a título de exposição de marcas.

Mais recentemente, em 2006, o *crowdfunding* se tornou uma opção de financiamento, não necessariamente relacionada de modo direto aos riscos finais comerciais, mas como forma rápida para viabilizar a produção de um filme. Ideia do jornalista norte-americano Michael Sullivan, consiste em um *funding* cujos recursos são obtidos a partir de empresas e principalmente de pessoas físicas comuns (e outras nem tanto, como o diretor e produtor Steven Soderbergh), que obtêm reciprocidade na divisão dos lucros ou recebem outras formas de pagamento, como, por exemplo, produtos autografados ou um jantar com o diretor do filme. Exemplo disso foi o seriado norte-americano *Veronica Mars*, que rendeu, segundo os sites Kickstarer, Catarse e Cineasta.cc, o montante de US$ 5,7 milhões (2013) para o produtor, o suficiente para o início de sua carreira no cinema, o que motivou outros produtores, diretores e atores a procurarem essa forma de financiamento.

Independentemente de comentários e críticas sobre esse formato de financiamento (pois existem riscos para os pequenos investidores e, às vezes, devido ao fato de serem milhares, há problema para citá-los no final do filme), ele permite ao público ter acesso a produções que não aquelas das grandes produtoras, sempre preocupadas com a taxa interna de retorno (TIR) e outros indicadores econômicos financeiros em detrimento da disseminação cultural que um filme pode gerar.

2.3 Ciclo de vida aplicado a uma nova obra cinematográfica

A partir da ótica de que um filme não deve mais ser considerado um produto estritamente regional, este pode ter um planejamento estratégico, tático e operacional, considerando a sua viabilidade aparente, bem como as possibilidades de oferta em cada mercado. A viabilidade aparente está relacionada à previsão de aceitação do filme por parte de seus consumidores regionais e globais. A partir dessa previsão, pode-se estabelecer um orçamento de produção, considerando a expectativa de receita direta de bilheterias.

Como exemplos pontuais, temos as animações *Madagascar 3: Os Procurados* e *A Era do Gelo 4*, em 2012. As versões obtiveram o seguinte comportamento no mercado estadunidense e internacional.

Quadro 2 Bilheterias comparativas

Animação	Bilheteria nos EUA	Bilheteria internacional	Bilheteria total
Madagascar 3: Os Procurados	216,4	530,5	746,9
A Era do Gelo 4	161,3	715,9	877,2

Fonte: Adaptado de Box Office Mojo (2013). © IMDb.com, Inc ou suas afiliadas. Todos os direitos reservados. Box Office Mojo e IMDb são marcas registradas da IMDb.com, Inc ou suas afiliadas.

As duas animações são cinesséries de grande aceitação nas bilheterias. Considerando o mercado estadunidense, a maior bilheteria é de *Madagascar*, porém, nas bilheterias mundiais, *A Era do Gelo* obteve melhor faturamento. Dessa forma, a decisão de produzir um filme não está mais circunscrita ao mercado interno doméstico, mas deve ser vista numa perspectiva global.

Para garantir o retorno financeiro de cada filme, este deverá fazer parte de uma programação a ser disponibilizada pelos exibidores de acordo com um calendário local. Geralmente, os calendários de eventos locais podem ser obtidos a partir dos calendários nacionais, estaduais e municipais disponibilizados pelas prefeituras e é comum, dependendo das datas, a antecipação de lançamentos de forma regionalizada, o que pode garantir um reforço adicional de faturamento.

2.3.1 Fases do ciclo de vida de um filme no mercado cinematográfico

Do ponto de vista do marketing, o ciclo de vida de uma obra cinematográfica deve ser levado em conta tanto para a análise de recursos, utilização e adoção de ações futuras quanto para o próprio desenvolvimento e a criação dos filmes. A Figura 6 apresenta um modelo hipotético de ciclo de Vida.

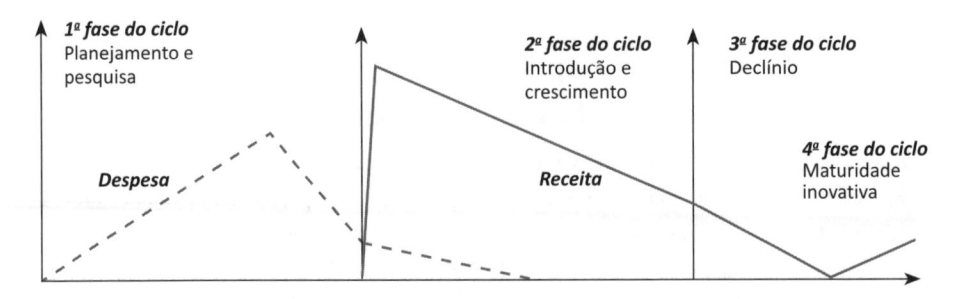

Figura 6   Ciclo de vida de uma obra cinematográfica.

A essência da teoria do ciclo de vida de produtos pode ser utilizada para uma produção cinematográfica, com as devidas adaptações. Geralmente, para produções que envolvem grandes estúdios, existem as seguintes fases distintas:

- **1ª Fase – Planejamento e pesquisa.** Os estúdios sobrevivem, basicamente, de suas produções atuais e passadas. As produções passadas geralmente trazem contribuição financeira proveniente do pagamento do aluguel pela exibição em televisão aberta e fechada, proporcionando uma possibilidade de entrada de caixa no longo prazo. Embora pequenas, dependendo do volume de obras, é dessa forma que os estúdios podem garantir o pagamento de suas despesas operacionais. Entretanto, as produções atuais garantem a receita no período competente, que geralmente é cobrada pelos acionistas e mantém a sustentabilidade futura do negócio. Percebe-se então uma necessidade de compatibilizar, de forma efetiva, o curto, médio e longo prazos financeiros, em detrimento do foco exclusivo no que será produzido e lançado no mercado. Tal situação se torna mais complexa a partir do momento em que o estúdio passa a traçar suas perspectivas levando em consideração a movimentação dos concorrentes, pois ele não atua de forma isolada no mercado. Além das questões financeiras, econômicas e de mercado, é importante ressaltar que basicamente filmes requerem profissionais de diferentes níveis, que geralmente possuem também uma agenda de trabalho presente e futuro. A partir dessas premissas, torna-se evidente a importância do planejamento estratégico. Tal plano tem como prerrogativa uma expectativa de lançamento para períodos futuros, compatibilizando recursos disponíveis com as expectativas de receita e de acordo com as previsões de mercado. Geralmente, um comitê determina, a partir de seu *expertise* de mercado, o que deverá ser lançado no decorrer do tempo e ocorrerão ajustes a partir do controle e avaliação. Embora o retorno sobre o capital investido seja importante, outras variáveis podem ter influência sobre a escolha, como, por exemplo, a contribuição institucional da produção para o estúdio, bem como a necessidade de atender a contratos já estabelecidos entre roteiristas, autores e atores.

Nesse aspecto, definida a programação de filmes a serem produzidos, são necessários dados e informações que possam tornar as ações e estratégias mais tangíveis a patir da realização de pesquisas mais específicas. Considerado um produto artístico final, um filme deve essencialmente acompanhar o mercado para atingir os anseios e desejos por entretenimento dos espectadores. De forma geral, as pesquisas podem ser categorizadas em dois grandes grupos – as quantitativas e qualitativas.

Pesquisas quantitativas servem para ter uma ideia do potencial de mercado. Seus dados devem ser devidamente interpretados e analisados. Por exemplo, desde o início deste milênio, o Brasil tem passado por diferentes mudanças e transformações sociais que aumentaram a quantidade de pessoas na chamada Classe C, o que poderia indicar uma melhor perspectiva para o aumento das bilheterias dos filmes exibidos. Entretanto, olhando para os hábitos dos brasileiros, percebe-se que apenas os *blockbusters* foram beneficiados, ou seja, filmes com grande apelo comercial, o que significa que a demanda varia de acordo com a oferta de filmes interessantes e não necessariamente pelo aumento do crescimento vegetativo. Por outro lado, o poder aquisitivo não é proporcional ao aumento populacional, o que pode causar um viés na análise da demanda. Outro ponto importante é que o cinema concorre, ainda que indiretamente, com a televisão. Daí a importância das pesquisas qualitativas.

Pesquisas qualitativas, por sua vez, se referem essencialmente à análise do perfil do consumidor. Se inicialmente as pesquisas quantitativas proporcionam uma ideia do potencial de mercado, a pesquisa qualitativa pode fornecer importantes contribuições quanto ao perfil dos espectadores, inclusive sobre seus desejos, permitindo modular o conteúdo da obra e até a modelação das estratégias de marketing cinematográfico. Pesquisas como *focus group* e *brainstorming* podem indicar os caminhos a serem percorridos pelo elenco, temáticas a serem discutidas e outras particularidades que podem proporcionar uma melhor densidade ao roteiro.

Ambas as pesquisas são importantes, pois são complementares e, dependendo das variáveis já estudadas, poderá haver maior influência de uma ou outra. No marketing tradicional, pode-se indicar que variáveis macroambientais, como as econômicas e demográficas, são importantes; entretanto, considerando um filme no sentido da arte, outras variáveis se complementam com intensidades diferentes, como as culturais, psicográficas e até políticas, dependendo do foco a ser evidenciado no roteiro do filme.

Outras particularidades também influenciam os resultados de um filme, como a vida privada do elenco, diretores e produtores, que podem gerar aceitação ou rejeição ao produto final. O ator Mel Gibson, por exemplo, teve uma queda considerável de popularidade que influenciou os resultados das bilheterias de seus filmes, após incidentes politicamente incorretos, como posturas consideradas preconceituosas.

Mas ainda tratando da importância das pesquisas quantitativas e qualitativas, podemos destacar o exemplo do filme *Círculo de Fogo*, que teve a direção de Guilhermo Del Toro.

Título: *Círculo de Fogo (Pacific Rim)*
Diretor: Guilhermo Del Toro
Produtora: Warner Bros
Ano de produção: 2013
Local de produção: EUA
Elenco principal: Charlie Hunnam, Idris Elba, Rinko Kikuchi

Archives du 7e Art/Warner Bros/Photo 12/Easypix Brasil

Figura 7 *Círculo de Fogo.*

Comentários: Clara homenagem aos filmes japoneses da década de 1960, apresenta os Kaijus, criaturas monstruosas que emergem do mar em diferentes pontos do planeta. Para combater os monstros, as nações desenvolvem os Jaegers, robôs gigantes pilotados por duas pessoas a partir de conexão neural. Embora pareça um roteiro inusitado, o diretor consegue atualizar a história sem cair em pieguices, num contexto semelhante ao dos mangás japoneses. A bilheteria estadunidense não conseguiu superar o orçamento de cerca de US$ 200 milhões de dólares, além do marketing. A grande aposta foi o mercado internacional, em especial o japonês. Entretanto, os japoneses não compareceram conforme as expectativas, e a grande surpresa acabou sendo a bilheteria chinesa, similar à norte-americana, garantindo o retorno mínimo financeiro e a possibilidade de uma continuação. Nesse caso, as pesquisas quantitativas apontavam para uma melhor recepção nos mercados norte-americanos e japoneses; entretanto, fatores qualitativos como os culturais (rejeição dos jovens japoneses ao que consideram antigo) e a possível rejeição do diretor nos Estados Unidos contribuíram para esses resultados. Como obra, a crítica foi bastante favorável.

É também nessa primeira fase de planejamento e pesquisa que ocorre a **pré-produção**, a qual implica a alocação de recursos e contratação de profissionais. A alocação de recursos compreende a seleção das áreas externas onde serão rodadas partes do filme, com estabelecimento de horários, cenários, aluguel de equipamentos técnicos, alimentação (*catering*) para os envolvidos, transporte, hospedagem, assistência médica local, entre outros. A contratação de profissionais (*cast*) envolve a formulação de contratos de direitos e deveres entre produtora e elenco, bem como com os profissionais que estarão atrás das câmeras.

É esta também a etapa em que o roteiro deve gerar um *storyboard*, que é uma representação por quadros, organizados na sequência na qual o filme será exibido, por meio do qual é possível avaliar como deverá ser o cenário, o som e demais informações técnicas. O *storyboard* deve, assim, auxiliar no planejamento de recursos bem como ilustrar, de forma prática, a arte de se obter um filme. Na verdade, embora o *storyboarding* seja um processo desenvolvido pelo Walt Disney Studios na década de 1930, hoje é aplicado até na área de administração em planejamento estratégico corporativo.

Wall-E é o produto de um bom *storyboard*. Vejamos:

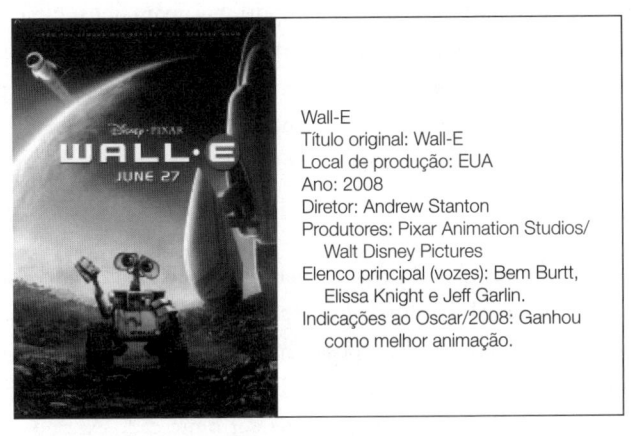

Wall-E
Título original: Wall-E
Local de produção: EUA
Ano: 2008
Diretor: Andrew Stanton
Produtores: Pixar Animation Studios/
   Walt Disney Pictures
Elenco principal (vozes): Bem Burtt,
   Elissa Knight e Jeff Garlin.
Indicações ao Oscar/2008: Ganhou
   como melhor animação.

©Walt Disney Co./Everett Collection/Easypix Brasil

Figura 8   *Wall-E.*

O *Waste Allocation Load Lifter Earclass*, ou simplesmente *Wall-E*, é uma produção da Pixar em parceria com a Disney que apresenta um roteiro original para adultos e crianças. Com uma narrativa criativa e cativante, consegue a façanha de ter boa parte do filme sem diálogos e somente música incidental. Um primor de história e construção narrativa e de imagens.

O tempo de **produção** (lembrando que esta também se situa na primeira fase de planejamento e pesquisa, aliás, como também ocorre com a pós-produção) deve ser o mais otimizado possível, daí a necessidade de um grande planejamento. Conforme a Figura 6, as maiores despesas estão relacionadas a este período. As despesas tendem a diminuir de intensidade quando o filme entra na subfase de **pós-produção**, em que ocorrem apenas retoques, cortes e adaptações. Também nesta fase são iniciados os investimentos em marketing para que o lançamento seja de grande êxito comercial.

O plano de marketing deve envolver *releases* para a imprensa sobre a contratação de roteiristas, diretores e elenco, para que o público tome conhecimento antecipado do que está sendo realizado e tenha sua curiosidade despertada em relação ao produto final. Para tal, é necessário que sejam identificadas exatamente quais notícias devem ser veiculadas, como e onde, de acordo com um cronograma de mídia auxiliar, para a **construção da demanda primária**.

Os recursos econômicos e financeiros devem estar de acordo com as expectativas futuras de receita. Os investimentos financeiros serão imobilizados durante todo o processo de desenvolvimento do filme e sua recuperação ocorrerá somente a partir do lançamento e venda de ingressos; e também, posteriormente, é lógico, pela comercialização do filme em outros formatos. Dessa forma, embora a visão financeira não deva se sobrepor à visão artística, a geração de um *funding* é de extrema importância para que o filme aconteça. É de responsabilidade dos produtores a alocação de recursos próprios e de terceiros para sustentar o filme, bem como outras formas de financiamento como o *crowfunding*, por exemplo.

Os maiores desafios desta fase residem na menor mobilização de recursos financeiros e econômicos, por meio dos produtores e produtores executivos, que devem negociar com os fornecedores de serviços (inclusive os financeiros) o valor correto necessário para o desenvolvimento da obra.

Considerando os fatores globais, esta primeira fase deve levar em consideração a expectativa de vida útil comercial do filme e futuros desdobramentos no mercado doméstico e internacional. Os diferentes *stakeholders* possuem vínculos comerciais e, desta forma, suas agendas e contratos devem ser levados em conta. Esta visão holística internacional também envolverá a produção de cópias suficientes para atender o mercado externo, os processos de exportação e posterior pagamento de *royalties*; a agenda oficial de eventos e feriados regionais.

Uma das piores perspectivas na primeira fase do ciclo de vida de um filme é a realização de todo o projeto sem, contudo, lançá-lo em circuito comercial. Braund (2013) identifica e comenta vários exemplos, como o de *Napoleão*, de Stanley Kubrick, *Night Skies*, de Steven Spielberg, que acabou deixando o projeto. As razões são variadas, envolvendo problemas de direitos autorais, morte de alguém do elenco, desencontro de agendas profissionais, bem como questões políticas e situações como eventos que podem trazer uma imagem negativa ao estúdio, como produções sobre atentados, que tinham data de lançamento prevista para após 11 de Setembro de 2001.

- **2ª fase – Lançamento e crescimento**. Esta fase é caracterizada pela introdução da exibição comercial do filme. Geralmente, se a produtora e a distribuidora considerarem que o filme tem apelos qualitativos, é utilizada a estratégia da pré-estreia, que consiste na exibição antecipada, mas restrita a dias e horários determinados. Uma das principais metas desta ação promocional é gerar comentários positivos de grupos de referência e que podem, por sua vez, gerar uma demanda positiva e importante nas semanas seguintes. Um dos principais indicadores é a bilheteria do primeiro final de semana. Na verdade, esse dia de lançamento difere em alguns países como França (quarta-feira) e Argentina (quinta-feira), dependendo de um calendário preestabelecido entre as redes exibidoras e a entidade nacional responsável pela normatização de procedimentos. No Brasil, a Federação Nacional das Empresas Exibidoras Cinematográficas (FNEEC) decidiu que as estreias no Brasil, a partir de março de 2014, devem ocorrer às quintas-feiras, uma vez que, segundo pesquisa, neste dia a oferta de opções paralelas de entretenimento é maior, e uma delas pode ser a estreia de um bom filme. Entretanto, por vezes, pode-se antecipar o lançamento, considerando outros dias da semana, em virtude de feriados regionais ou mesmo datas específicas, como o caso de lançamento de filmes de terror na noite do Hallowen.

Diferentemente dos outros produtos e serviços para consumo, os filmes possuem uma curvatura de ciclo de vida bastante diferenciada, em que lançamento e crescimento estão alocados na mesma fase. O que determinará a duração dessa fase é o comportamento da venda de ingressos. Geralmente, a primeira semana de lançamento é a principal referência e deve corresponder às expectativas de receita estipuladas na **1ª fase**. As semanas subsequentes serão analisadas de acordo com a queda percentual de vendas de ingressos; o marketing durante este período pode fazer diferença nessa diminuição percentual. Como exemplo interessante e contundente, temos o lançamento de *Batman Begins* (2005), de Christopher Nolan. A bilheteria inicial foi considerada boa, mas não suficiente, se considerada a queda percentual histórica dos filmes. Entretanto, os comentários positivos, as recomendações espontâneas e o marketing viral tornaram as diminuições nas três semanas seguintes pequenas, fazendo com que o filme conseguisse ultrapassar os US$ 533,31 nas bilheterias dos cinemas estadunidenses. Geralmente, esta fase tem duração de quatro semanas **e o desafio do profissional de marketing é prolongar** esta que é a mais importante fase do ciclo de vida. Valem, para tal, outras formas de marketing, mas também é muito eficaz a recomendação informal ou o famoso boca a boca.

Nessa fase, os recursos econômicos e financeiros podem ser recuperados parcialmente, totalmente ou superar os valores. Se positivos, os valores podem potencializar as vendas em outros formatos, por meio de novos investimentos; caso contrário, existirá a necessidade real de investimentos para que a taxa de retorno sobre o investimento inicial se concretize.

O lançamento devidamente planejado e sincronizado pode proporcionar receitas interessantes, considerando os mercados doméstico e internacional – aliás, atualmente uma das mais frequentes alternativas de cálculo de receita.

- **3ª fase – Declínio.** Esta fase se caracteriza como o final do ciclo comercial do filme nos cinemas. Dependendo do tipo de filme, pode ter, em média, mais quatro semanas, ocorrendo a naturalmente diminuição de salas exibidoras, bem como a restrição de horários de exibição, para que haja a eventual concentração de espectadores. Do ponto de vista do marketing, esta fase ainda pode trazer algum tipo de contribuição financeira, devendo-se, entretanto, identificar quais ações promocionais de curto prazo podem ser utilizadas.

Nesta fase, os recursos econômicos e financeiros já foram, em tese, recuperados e os próprios exibidores começam a diminuir a exposição do filme pela natural redução do número das salas exibidoras. Assim, filmes iniciando a fase de declínio são substituídos por outros lançamentos mais rentáveis. Restam ainda salas que costumam estender o tempo de permanência de exibição, acreditando que ainda poderão ter algum incremento de faturamento.

O maior desafio desta fase é deixar que naturalmente a obra deixe de ser exibida, mas tentando manter um nível de comunicação e posicionamento, uma vez que este formato será em breve substituído por outro – um DVD, por exemplo, sendo então necessária a manutenção de imagem positiva.

Considerando os fatores globais, não se pode atuar de forma totalmente padronizada, uma vez que mercados geralmente têm comportamentos distintos, e se podem perder oportunidades de melhor receita com a imposição prazos não flexíveis.

- **4ª fase – Maturidade inovativa.** Trata-se de uma nova fase de crescimento, que ocorre, preferencialmente, antes da fase de declínio. Até a década de 1980, esta fase era caracterizada pela comercialização em mercados internacionais. Atualmente, com a facilidade da comunicação entre países e a evolução da tecnologia, os lançamentos ocorrem quase que simultaneamente. Dessa forma, esta fase se caracteriza não como o final do ciclo de vida comercial, mas como um recomeço, que pode estar relacionado à remasterização ou à versão, geralmente, estendida do diretor. Outra forma é aproveitar os aniversários de produção, como, por exemplo, o do filme *ET – O Extraterrestre* (1982), de Steven Spielberg, produzido e relançado em 2012 em comemoração aos 30 anos de lançamento. A época do lançamento pode favorecer um breve crescimento após o início do declínio das bilheterias; por exemplo, no mercado estadunidense, é normal lançar um filme, geralmente *blockbuster*, na primeira ou segunda semana de dezembro; em geral as bilheterias crescem em relação à semana anterior no final do ano, havendo um novo crescimento em vendas. Um bom exemplo desse fato é *O Hobbit: A Desolação de Smaug*, que foi lançado no dia 13 de dezembro de 2013, obteve excelente bilheteria, foi declinando, mas se manteve ainda na última semana do ano como líder nas bilheterias norte-americanas.

Remakes, do ponto de vista do estúdio, podem estar inseridos nesta fase. Obras como *O Dia em que a Terra Parou*, o *remake* de *O Homem-Aranha*, depois da trilogia de Sam Raimi, *Robocop* (2014), de José Padilha, bem como *Invasores* (2007), dirigido por Oliver Hirschbiegel, são claros exemplos da falta de criatividade e inovação dos estúdios, bem como da necessidade de fazer um "caixa" rápido e sem grande esforço. A bem da verdade, é importante ressaltar que, se o original se sustenta e é referência, por que fazer um *remake*?

Se o filme original obteve aceitação comercial, o marketing pode ser utilizado para criar a demanda primária pela sequência ou pela comercialização do filme em outros formatos. Na Figura 6, a curva de despesa não é representada, pois esta é insignificante em relação à receita desta fase.

Como os recursos econômicos e financeiros já foram recuperados, esse processo nesta fase é considerado um novo negócio, com verba já definida e estratégias de relançamento e comercialização distintas.

Considerando os fatores globais, geralmente a receita mundial serve como um impulsionador e diferenciador de receitas, podendo até melhorar as possíveis sequências e refilmagens.

Pode-se notar que o ciclo de vida de um filme tem características bem distintas de outros produtos ou serviços, uma vez que as fases de introdução e crescimento são demasiadamente curtas, havendo então a necessidade imperativa de uma excelente fase de pesquisa e planejamento que vise antecipar as diferentes situações antes do lançamento do filme. Como exemplo pontual, confirmando que nem sempre é possível prever determinadas situações, o ataque das torres gêmeas em 11 de setembro de 2001 ocasionou problemas com os *trailers* do filme *O Homem-Aranha 3* (2007), que mostrava ao fundo as referidas torres, pois vários *releases* foram desenvolvidos antecipadamente para criar a demanda primária pelo filme.

2.4 Estratégias de entrada e operação em mercados internacionais

Para a comercialização e distribuição de filmes em mercados internacionais, é necessário o atendimento de leis e regras que normatizam o trânsito de filmes entre países. Na exportação de um filme, seriado, novela ou similar, existe a parte física que deve ser transferida e devidamente registrada na saída e na entrada em um país. No Brasil, devem ser consultados para pesquisa, registro e controle:

- Ministério do Desenvolvimento, Indústria, Comércio e Serviços (MDIC) e Secretaria de Comércio Exterior (Secex). A película que tangibiliza a obra cinematográfica bem como os equipamentos necessários para a produção devem sofrer processo de importação e desembaraço alfandegário. Daí a necessidade da presença de uma produtora em território nacional autorizada pela Ancine para satisfazer as questões burocráticas.
- Ministério das Relações Exteriores (MRE), que tem como atribuições e responsabilidade o controle da entrada e saída de pessoas em território nacional – por meio da concessão de vistos, com validade de acordo com o cronograma de produção e filmagem – a partir das representações diplomáticas brasileiras em solo estrangeiro.

♦ Receita Federal. Existe uma série de taxas e impostos que devem ser obrigatoriamente recolhidos por envolverem processos de importação e entrada de estrangeiros no país.

Feitas essas considerações sobre as questões legais relacionadas à importação de equipamentos, entrada de pessoal técnico e elenco, vamos abordar agora questões relativas às obras finalizadas.

A estratégia de entrada e operação de produtos e serviços relacionados ao nível ampliado da obra cinematográfica mais indicada é o licenciamento. O licenciamento pode ser definido como a concessão de direitos de uso de propriedade intelectual, como filmes de cinema, personagens, marcas e similares. A delegação da comercialização para terceiros, ou seja, os licenciados, implica o respeito a direitos e deveres mútuos entre as partes. De um lado existe a delegação de uso e de outro existe responsabilidade de melhores resultados de comercialização, uma vez que é possível a exploração mais rápida de diferentes segmentos de mercado.

O licenciamento de personagens, por exemplo, deve ser efetuado com grande antecedência, pois o sucesso da comercialização do produto depende da disponibilidade na época do lançamento do filme. O varejo possibilita uma exposição espontânea, que ajuda na divulgação do filme; por outro lado, o filme ajuda na comercialização desses produtos. Por curiosidade, a animação *O Rei Leão* (1994), de Roger Allers e Rob Minkoff, utilizou, na época, a Coreia do Sul, Taiwan, Cingapura e Hong Kong (os tigres asiáticos) para a produção de brinquedos que seriam exportados para os países onde ocorreria o lançamento do filme. Outro exemplo mais recente é o da cinessérie *Transformers* (2007). Mas, em 1975, essa estratégia já havia sido utilizada pioneira e revolucionariamente, quando da adaptação do filme musical *Tommy*, baseado na ópera rock do grupo inglês The Who e dirigido por Ken Russell, para os formatos brinquedo e revista, embora sem grande projeção comercial.

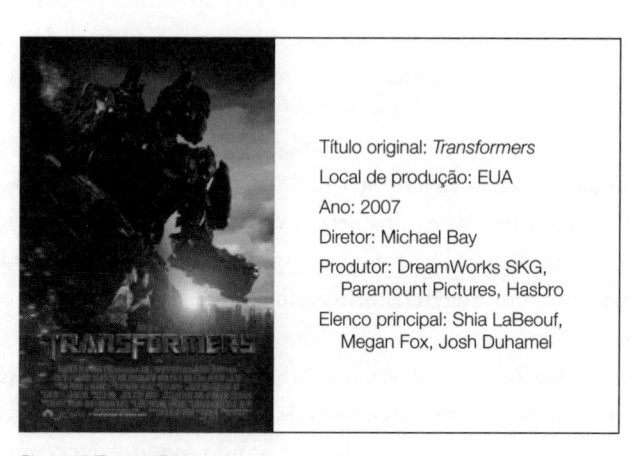

Título original: *Transformers*
Local de produção: EUA
Ano: 2007
Diretor: Michael Bay
Produtor: DreamWorks SKG, Paramount Pictures, Hasbro
Elenco principal: Shia LaBeouf, Megan Fox, Josh Duhamel

Photo 12/Easypix Brasil

Figura 9 *Transformers.*

Quando se trata de licenciamento, é importante destacar a Hasbro Inc., fundada em 1940, com sede em Rhode Island, nos Estados Unidos da América. Especializada em brinquedos e jogos, é a segunda maior do mundo, só perdendo para a Mattel, Inc. Entretanto, esta última tem como carro-chefe a boneca Barbie. Os brinquedos da Hasbro possuem identidade, posicionamento e marcas distintas, o que fez com que vários se incorporassem à cultura, como, por exemplo, o Monopoly (mais conhecido no Brasil como Banco Imobiliário), My Little Pony, Pokémon, G. I. Joe, Star Wars e Transformers. Este último é um bom exemplo do sucesso da parceria da empresa com outros formatos que derivaram de brinquedos: desenho animado, revista e uma cinessérie de extremo sucesso. A empresa também é a maior em jogos, em especial da categoria de tabuleiro, como Wizards of the Coasts, Battleship e Dungeons e Dragons. Estes dois últimos, aproveitando o *expertise* da empresa, também foram para o cinema, porém nem de longe com o sucesso de *Transformers*. *Dungeons and Dragons* (2000), de Courtney Solomon, obteve uma recepção morna nas bilheterias mundiais. *Battleship* (2012), de Peter Berg, também não obteve o sucesso esperado, porém, vale ressaltar a criatividade da equipe de roteiristas, produtores e diretores para adaptar o clássico jogo Batalha Naval para o *live action*.

De forma geral, cada país ou região do planeta possui características distintas, sejam elas de ordem econômica ou cultural. Portanto, como bem preconiza a teoria do marketing, não é possível um plano de marketing internacional padronizado: é necessário respeito às instituições e à comunidade residente. Como exemplo pontual, a Turquia insere tarjas em filmes e séries em que aparecem fumantes.

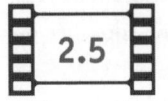 ## 2.5 Análise financeira de um filme em mercados internacionais

A análise de resultados de uma obra cinematográfica não deve levar em consideração somente as bilheterias nacionais nos cinemas, mas também no mercado internacional e dentro da visão de um portfólio ampliado de produtos e serviços.

A produtora, aqui representada pelo estúdio, arca com os custos e despesas de produção, que incluem o pagamento dos equipamentos, locações, equipe técnica e elenco. Deve ser considerado, neste investimento, o custo financeiro (se não forem recursos próprios) da obtenção do *funding* necessário.

As despesas de marketing podem ser incorporadas ao desembolso financeiro inicial, porém deve-se levar em consideração o efeito das ações em todo o processo de comercialização, distribuição e exibição internacional, além dos efeitos secundários na venda de outros produtos derivados do filme.

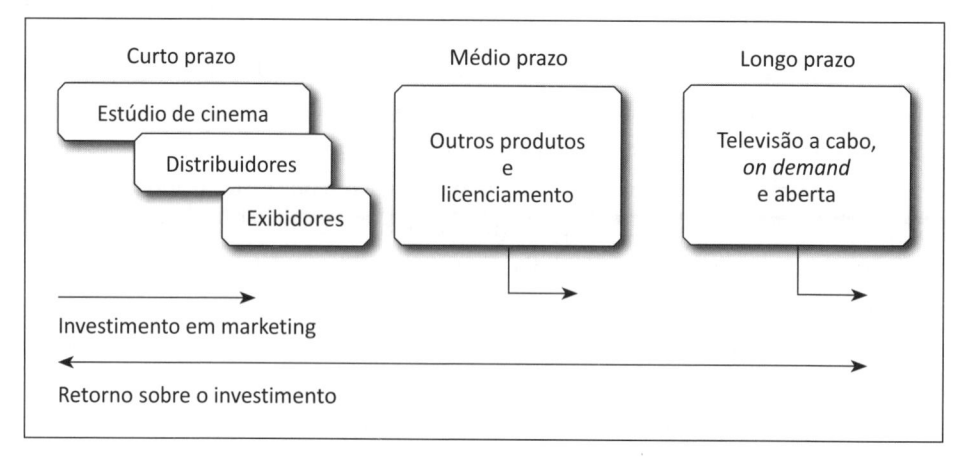

Figura 10 Custos e despesas de um filme.

O distribuidor receberá uma comissão de distribuição (*distribution fee*) sobre o traba-lho da distribuição do filme e respectivas responsabilidades. Neste aspecto, distribuidores podem ser partes integrantes do estúdio como também pertencer a terceiros. Por outro lado, distribuidores também têm vínculos de relacionamentos com os exibidores e depen-dem da força de cada um dos componentes do sistema.

Os exibidores (ou seja, as salas de cinema) necessitam ser remunerados em virtude da cessão de espaço para os filmes, durante determinado período. Sua remuneração é variável, pois depende das bilheterias auferidas.

Outras receitas podem ser incorporadas ao filme de cinema, como a venda em DVDs e *blu-rays, videos on demand*, músicas, brinquedos, produtos diversos licenciados, até os direitos de exibição na televisão a cabo e aberta.

Desta forma, a demanda de um filme deve ser considerada em razão dos diferentes mercados que atende, embora continue sendo o cinema sua receita principal.

2.5.1 Aspectos de gestão e negociação que influenciam nos resultados financeiros do filme

Uma das formas de minimizar o risco de determinados investimentos cinematográficos é reduzir ou adaptar custos e despesas aos resultados futuros nas bilheterias. Desta forma, considerando que boa parte do investimento está concentrado na produção do filme, tornam-se necessárias algumas ações como a substituição dos salários de parte do elenco por uma remuneração variável a partir da receita, o que tanto pode ser um ponto positivo quanto uma decisão de cunho questionável, se não houver uma previsão consistente. Robert Downey Jr. substituiu seu salário por um percentual sobre as bilheterias estadunidenses e recebeu um valor maior que US$ 50 milhões. James Cameron deixou de ganhar seu salário por ter estourado o orçamento original do filme *Titanic*. Depois dos resultados, o estúdio, para mantê-lo como colaborador, o remunerou devidamente, em conformidade com seu trabalho.

A comissão recebida pela distribuição pode ser negociada, levando em conta se o serviço a ser executado se refere ao mercado doméstico ou internacional. Essa comissão pode variar também em função do pacote de filmes, que influencia o nível de relacionamento. Estúdios podem delegar a um mesmo distribuidor um pacote mínimo de filmes de maior receptividade, o que, no conjunto, pode reduzir a taxa de comissionamento. Assim, um filme com bilheteria certa pode ter uma remuneração percentual menor, e outro com expectativa mais modesta pode ter uma remuneração maior para incentivar sua exibição por mais tempo.

Filmes disponibilizados para a televisão durante um período estão inclusos num pacote de filmes e seriados de um mesmo estúdio ou distribuidor e, a cada exibição, é pago o aluguel correspondente. Em geral, cada contrato estipula um número mínimo de exibições durante a sua vigência.

Desta forma, o resultado financeiro de um filme é derivado da capacidade da negociação com os diferentes componentes do sistema da indústria cinematográfica.

2.6 Conclusões

A expansão da indústria cinematográfica para o mercado internacional permitiu o alcance maior de diferentes espectadores, o que influenciou na produção em escala de obras cujo apelo anterior se restringia a mercados internos e regionais. Com essa nova perspectiva, deve-se considerar todo o mercado internacional consumidor potencial de filmes, o que influencia o tipo e formato de filme a ser produzido.

Nesse aspecto, o planejamento estratégico internacional torna-se bastante relevante e, por vezes, complexo, porque, dependendo do porte do estúdio e do distribuidor, seu poder de barganha junto à cadeia de exibidores é maior e pode resultar numa maior quantidade de salas exibidoras e consequente alcance e penetração no mercado.

Para ingressar no mercado internacional, o licenciamento é uma das estratégias mais usuais. O monitoramento regional, mas globalizado, deve levar em conta a efetividade das ações e resultados – que ocorrem em tempo bastante reduzido, considerando outros tipos de produtos, que possuem características de uso e consumo diferenciados. Nesse aspecto, é de suma importância a descentralização de parte das atividades operacionais e táticas para fazer o filme acontecer dentro dos prazos previstos.

Como ponto final do capítulo, deixamos a seguinte reflexão mercadológica: não se pode mais considerar qualquer tipo de negócio, produto ou serviço somente do ponto de vista do mercado doméstico. Em virtude de uma economia globalizada, os consumidores estrangeiros garantem tanto a produção da indústria cinematográfica quanto a sua sustentabilidade e longevidade. O pensamento deve ser global e a estratégia, local.

Perguntas para reflexão

1. Como conciliar os fatores qualitativos e artísticos com os fatores comerciais de um filme? Como obter o equilíbrio entre a qualidade de conteúdo e os resultados comerciais de um filme?
2. Quais são os objetivos para o desenvolvimento do ciclo de vida de um filme e para quais situações a empresa deve estar preparada?
3. Qual é a fase do ciclo de vida mais importante para os resultados comerciais de um filme? Justifique sua resposta.
4. Como a fase de maturidade inovativa pode contribuir para os outros formatos a serem comercializados?
5. O que a estratégia de licenciamento pode proporcionar de vantagens (ou mesmo desvantagens) para o produtor e distribuidor?

Exercícios

1. Partindo do exemplo de *Círculo de Fogo*, recomende mudanças mercadológicas que contribuam para que uma sequência resulte em melhores bilheterias mundiais.
2. Assista ao longa-metragem de animação *Wall-E*. Esboce um possível roteiro para uma sequência de forma que incorpore as mesmas qualidades do original.
3. Como reduzir os investimentos em tecnologia e obter a mesma qualidade artística?
4. Selecione um filme atual de sua preferência e tente esboçar o ciclo de vida de produto, principalmente evidenciando os outros formatos a serem comercializados.
5. Pesquise como os detentores dos direitos de um filme podem monitorar as vendas de seus produtos licenciados em outros países.

capítulo 3

Canais de distribuição, feiras e eventos internacionais

Objetivos do capítulo

♦ Apresentar os diferentes canais de comercialização de uma obra cinematográfica.
♦ Apresentar os mais importantes festivais e eventos internacionais de cinema.
♦ Discutir a importância das feiras internacionais e apresentar as principais no cenário internacional.
♦ Discutir as particularidades mercadológicas de cada evento.
♦ Explicar os passos iniciais para a participação em feiras internacionais.

3.1 Introdução

Os canais de distribuição e comercialização são importantes no sistema e processo de marketing cinematográfico, principalmente quando se trata de mercados internacionais. Conforme a Figura 1 (simplificada), o sistema possui uma série de *stakeholders* que desempenham funções específicas, de acordo com sua especialização. Sem os intermediários, os produtores teriam de montar estruturas organizacionais complexas para atender suas necessidades básicas de comercialização e negociação, imobilizando e onerando seus recursos econômicos e financeiros. Desse modo, ou os filmes seriam estritamente regionais a fim de manter controle sobre custos, despesas e até receitas, ou os investimentos seriam tão altos que, provavelmente, haveria uma diminuição significativa da oferta de filmes em mercados estrangeiros. Fica claro, assim, que os distribuidores são essenciais para que o espectador possa usufruir dos benefícios da indústria cinematográfica.

Nessa visão sistêmica, a indústria cinematográfica não está somente relacionada ao elenco e à equipe técnica: figurinos, cenários, carpinteiros, cozinheiros, agentes, representantes, vendedores e outros milhares de profissionais estão, direta ou indiretamente, relacionados ao cinema. Até o combo formado pelo refrigerante e pipoca estão contextualizados nesta indústria.

Desta forma, este capítulo se propõe a discutir um pouco esta lógica e ressaltar como os distribuidores, exibidores, festivais e feiras são importantes para que o espectador tenha à sua disposição a magia do cinema.

3.2 O caminho natural de uma obra cinematográfica

De olho nos resultados financeiros, no *merchandising*, no mercado de vídeo e redes de TV, os empresários da indústria cinematográfica norte-americana focaram seus esforços no lançamento dos filmes em outros países. Deixaram um pouco de lado os filmes de arte, que necessitam de um trabalho todo especial, mas que representam menos de 1% do faturamento do cinema mundial para priorizarem as grandes produções hollywoodianas e, em menor escala, as bollywoodianas. Também chamadas *blockbuster* e *mainstream*, essas superproduções, que se caracterizam por forte apelo no roteiro, pela presença de atores e atrizes consagrados, constituem cerca de 80% do cinema mundial.

Segue, de maneira bastante simplificada, o esquema operacional em mercados externos:

♦ **Estreia local**, geralmente em grandes feriados nacionais e precedida por campanhas publicitárias de milhões de dólares. O filme *remake Gojira*, isto é, *Godzilla*, estreou no Memorial Holiday, em 1998, seguindo a mesma estratégia de *Independence Day*, de Roland Emmerich. O filme, antes, teve uma apresentação especial no encerramento do festival de Cannes, em 1998. Os dois filmes terão *remakes* em 2014, com linguagem atualizada para a geração Y. No mesmo final de semana, um ano antes, o filme *Jurassic Park: The Lost World* (*Parque dos Dinossauros: O Mundo Perdido*) faturou, em bilheteria, US$ 90.162.000, tornando-se o segundo maior sucesso de 1997. Esses exemplos mostram que o marketing inicialmente deve ser concentrado localmente, sendo válidas diferentes ações para que a bilheteria se realize de forma efetiva. Outro exemplo disso é *Batman Begins*, de Christopher Nolan, que obteve boa bilheteria na semana de estreia, em 2005, porém um valor que, se projetado convencionalmente, não justificaria uma sequência. Entretanto, a propaganda informal positiva dos que assistiram ao filme, bem como a classificação *CinemaScore* fizeram com que a bilheteria se repetisse nas três semanas seguintes, ultrapassando a marca de US$ 200 milhões, justificando, dessa forma, as sequências.

♦ **Estreia mundial**, precedida por *press releases*, inserção de reportagens em veículos de comunicação, visitas de atores e diretores, apresentações especiais (para a obtenção de crítica favorável dos diferentes influenciadores de opinião) e grandes ações promocionais no intuito de cativar o público em geral. Produções como *Guerra Mundial Z*, de Marc Forster, *O Homem de Aço*, de Zack Snyder, e outros garantem exposições, às vezes, espontâneas nos meios de comunicação, melhorando um pouco o resultado das bilheterias regionais. Na verdade, o ciclo de vida do produto (CVP) cinematográfico é bastante diferente de produtos e serviços convencionais. Afinal, geralmente, sua primeira fase é caracterizada por um grande período de pesquisa e planejamento culminando na pré-produção. Todas as fases seguintes, considerando somente o filme, são curtas e exigem esforço e controle antecipados e pesados, envolvendo desde a comunicação prévia para gerar demanda primária, quando do lançamento, até outras produções concorrentes diretas e indiretas, implicando também negociação prévia com o distribuidor. Exemplo dessas características diferenciadas é o filme *João e Maria: Caçadores de Bruxas* (2013), de Tommy Wirkola, cuja bilheteria nos EUA não justificaria uma sequência, mas a bilheteria mundial, aliada ao baixo custo da produção, sugerem que esta possa ocorrer. Outro exemplo é a cinessérie *Percy Jackson* (2010 e 2013) e do filme *As Crônicas de Nárnia: o Leão, a Feiticeira e o Guarda-Roupa* (2005), que obteve sucesso nas mãos de Andrew Adamson, mas cujas sequências não repetiram o êxito no mercado estadunidense, garantindo, no entanto, rentabilidade em outros países.

♦ **Outros canais de distribuição**, como o *pay-per-view* e o *video on demand*, que, dependendo da duração do sucesso do filme e dos esquemas de *merchandising*, são possibilidades depois de um período mínimo de três a seis meses; outra é o *sell through*, isto é, a comercialização para uso doméstico, depois de no mínimo outros três meses.

♦ **DVDs e Blu-Rays**, que trazem as produções com adicionais, visando estimular a compra em pacotes especiais. O *Hulk* (2003), de Ang Lee, rendeu em torno de US$ 130 milhões nas primeiras semanas no mercado norte-americano, não se constituindo necessariamente num filme de grande bilheteria, porém vendeu mais de 6 milhões de DVDs na semana de lançamento no mesmo mercado, tornando-se um grande sucesso no segmento de *home video*, o que possibilitou uma sequência. Neste caso, existem dois tipos de públicos: aqueles que comercializam e outros como as pessoas físicas para entretenimento. A cinessérie *Star Trek* (antes do *reebot* de J. J. Abrahams) vinha obtendo cada vez menos bilheterias no cinema, mas as vendas de DVDs compensavam o investimento de permanência dos filmes.

♦ **TV a cabo e aberta**, nas quais, depois de um ano e depois de mais de um ano, respectivamente, o filme é exibido, gerando aluguel periódico e renovável a partir da negociação de pacotes com filmes e seriados.

Posteriormente, ainda, é possível um relançamento, como, por exemplo, da versão do diretor e remasterização, como ocorreu com a trilogia *Star Wars* ou *Gone With the Wind* (*E o Vento Levou*), recomeçando um novo ciclo de vida nos cinemas. Fato é, por exemplo, que a atualização da tecnologia 3-D em *Avatar* (2010), de James Cameron, impulsionou um novo ciclo de vida comercial de outros filmes, como a trilogia *Parque dos Dinossauros* (*Jurassic Park*), em 2013.

3.3 Distribuidores, festivais, feiras, eventos e redes exibidoras

Um dos mais importantes *stakeholders* no processo de comercialização de um filme é o distribuidor, que efetua a seleção dos filmes nacionais e estrangeiros a serem lançados nos cinemas, na televisão e no mercado doméstico e internacional. Grandes produtoras contatam, por meio de seus agentes de venda, os distribuidores internacionais (se não forem "braços" dos estúdios) para verificar seu interesse pela comercialização de pacotes de filmes ou mesmo para conseguirem participação em eventos específicos, como festivais de cinema, a fim de ganhar visibilidade gratuita e mesmo institucional. Neste sistema, temos os festivais de cinema e as feiras de vendas de filmes, seriados e similares para a televisão.

3.3.1 Festivais de cinema

Cada produtora delega a um agente de vendas as responsabilidades de comercialização de um ou pacote de filmes, séries e novelas. Os festivais geralmente apresentam uma seleção de obras abertas a um público específico e selecionado, geralmente formado por críticos e profissionais relacionados ao segmento. Dessa forma, cria-se uma imagem institucional favorável ao filme, principalmente se ganhar algum tipo de prêmio ou crítica favorável, que devem ser muito bem aproveitados na ocasião do lançamento do filme. Comentam-se os principais:

♦ **Oscar.** Organizado pela Academia de Artes e Ciências Cinematográficas. Embora não seja classificado como um festival, mas como um evento de premiação do cinema norte-americano, pode ser considerado o mais longevo e o maior evento cinematográfico do mundo e da história, envolvendo a classificação das melhores obras em idioma norte-americano, bem como produções internacionais. A votação é realizada pelos mais de seis mil membros da Academia de Cinema norte-americana, formada por profissionais e atores, e cujos resultados podem ser sensivelmente influenciados por uma maior intensidade de exposição na mídia – o que pode ser obtido com a participação em coquetéis, eventos específicos de divulgação, por notícias no *website* The Wrap, nos veículos *Variety* e *The Los Angeles Times*, por exemplo (Edwald Filho, 2003). Embora a votação envolva critérios técnicos, como em toda votação, pode haver um certo nível de subjetividade. A bem da verdade, a indicação para uma estatueta pode significar um prolongamento da vida útil comercial de um filme, influenciando até o aumento ou a manutenção das salas exibidoras. Inicialmente, embora alguns profissionais entendam que investimentos em marketing para filmes estrangeiros nem sempre resultem em ganhos financeiros, a exposição do filme, diretor e elenco do país de origem significa uma exposição saudável, que pode trazer ganhos qualitativos de relacionamentos com outras entidades e estúdios. Pode, por exemplo, gerar oportunidades de novos projetos e trabalhos, bem como melhor comercialização e distribuição no mercado internacional. Extensivamente, a autorização para a exibição do Oscar em televisão implica a compra de pacotes e séries de filmes, além da visibilidade natural dos filmes participantes. A exibição do evento pela TV pode gerar até reestreias, melhorando o resultado nas bilheterias, e ser um atrativo para os formatos posteriores. Em síntese, as premiações focam desde questões de ordem técnica, como efeitos especiais e som, até aspectos de ordem artística, como figurino e maquiagem. Mas as categorias mais cobiçadas são as de Melhor Produção, Direção, Roteiro, Ator e Atriz, além dos Coadjuvantes.

- **Globo de Ouro.** Evento organizado pela Associação de Imprensa Estrangeira em Hollywood, conta com votação crítica e técnica de noventa jornalistas de países diferentes. Como o evento, geralmente, ocorre um mês antes do Oscar, funciona como uma espécie de termômetro. Embora o Oscar tenha sua votação auditada, a influência positiva dos indicados e ganhadores do Globo de Ouro, geralmente, pode interferir no julgamento, que se constitui numa opinião fundamentada sobre cada categoria. Mas, como os votantes nem sempre têm tempo hábil de assistir e julgar comparativamente as obras indicadas, os estúdios de cinema fornecem informações, materiais e eventos a fim de informar e formar essa opinião fundamentada. Dessa forma, o Globo de Ouro, estrategicamente, pode confirmar (ou não) as expectativas de julgamento. Ao contrário do Oscar, o Globo de Ouro também premia produções e talentos da televisão norte-americana (como *Família Soprano* e *Games of Thrones*), o que dá a este evento uma popularidade maior.
- **Sindicato dos Diretores de Hollywood.** O Directors Guild of America é uma associação norte-americana que indica e premia, geralmente em janeiro, os que mais se destacaram no ano anterior. Serve também como termômetro para o Oscar, que ocorre no mês de março, tendo, inclusive, as mesmas categorias.
- **People's Choice Awards.** Premiação anual norte-americana, exibida desde 1975 pela CBS, apresenta os mais reconhecidos pelo trabalho na cultura popular a partir de votação do público em geral. Envolve diversas categorias similares às outras premiações no cinema (bem como de televisão e música), tendo já premiado Barbra Streisand, John Wayne, Sandra Bullock e George Clooney como atores favoritos. São as seguintes categorias a serem votadas como favoritos pelo público: Atriz e Ator de Cinema, Álbum Favorito, Filme Dramático, Apresentador de TV, Apresentador de Novo Talk Show, Programa de Entretenimento de TV, Ator de

Comédia, Série Dramática de TV Aberta, Filme de Comédia, Artista Pop, Química na Tela, Atriz de Comédia de TV, Ator de Comédia de TV, Astro de Filme de Ação, Série Dramática de TV a Cabo, Banda, Apresentador de Talk Show, Humanitária, Filme, Filme de Ação, Série de *Streaming*, Atriz de Série Nova de TV, Série de Comédia TV Aberta, Dupla de Cinema. Embora seja inquestionável a qualidade dos premiados e os votantes sejam todos, inclusive, técnicos da indústria cinematográfica, a premiação tem mais foco na popularidade do que na técnica apresentada. Desta forma, a premiação tem mais um fundamento de espetáculo e política do que de reconhecimento propriamente técnico.

♦ **Festival de Cannes.** Um dos mais expressivos da atualidade mundial. Seu primeiro evento estava previsto para 1939, sob o comando de Louis Lumière. Entretanto, a guerra fez com que este fosse postergado para 1946, quando o ministro da Instrução e de Belas-Artes, Jean Zay, enfim criou o Festival Internacional de Filmes como uma resposta à Mostra de Veneza e aos regimes fascistas alemão e italiano. Ocorre anualmente e, paralelamente, há a comercialização de filmes. Em 1955, foi introduzido o prêmio Palma de Ouro em substituição ao Grand Prix du Festival International du Film. O Brasil ganhou prêmios com os seguintes filmes: *O Cangaceiro* (1953), de Lima Barreto; *Orfeu Negro* (1959), de Marcel Camus; *O Pagador de Promessas* (1962), de Anselmo Duarte; *Terra em Transe* (1967), de Glauber Rocha; Melhor Diretor para Glauber Rocha por *O Dragão da Maldade Contra o Santo Guerreiro* (1969); Melhor Curta-metragem para *Di Cavalcanti* (1977), também de Glauber Rocha; Melhor Curta-metragem de animação para *Meow* (1982), de Marcos Magalhães; Melhor Atriz para Fernanda Torres (1986) por *Eu Sei que Vou Te Amar*, de Arnaldo Jabor; Prêmio Cinéfondation para *Um Sol Alaranjado* (2002), de Eduardo Valente.

♦ **Festival de Berlim.** O Berlinale, como é mais conhecido, e o Festival de Cannes são os dois mais importantes da Europa e também do mundo. O Berlinale ocorre anualmente no mês de fevereiro, em Berlim. O primeiro deles ocorreu em 1951 por iniciativa dos Estados Unidos da América, em decorrência da Segunda Guerra Mundial. Tem como símbolo o urso, daí os principais prêmios: Urso de Ouro e Urso de Prata. Durante sua história, tem premiado obras cinematográficas de diferentes partes do mundo, como, por exemplo, *Red Sorghum* (1988), de Yimou Zhang (República Popular da China); *Em Nome do Pai* (1994), de Jim Sheridan (Inglaterra e Irlanda do Norte); *The Thin Red Line* (1999), de Terrence Malick (Estados Unidos da América), *Magnólia* (2000), de Paul Thomas Anderson (Estados Unidos da América); *U-Carmen Ekhayelitsha* (2005), de Mark Dornford-May (África do Sul); *Tropa de Elite* (2008), de José Padilha (Brasil); *Jodaeiye Nader az Simin* (*A Separação*) (2011), de Asghar Farhadi (Irã); *César Deve Morrer* (2012), dos irmãos Taviani (Itália), entre outros representativos.

♦ **Festival de Sundance.** De origem norte-americana, fundado por Robert Redford, acontece anualmente na cidade de Utah desde 1978, e é um dos maiores festivais de filmes independentes estadunidenses, envolvendo diferentes categorias como dramas e documentários. Apresentou filmes como *Deliverance* e *Midnight Cowboy*. Além dos objetivos naturais de exibição e exposição de filmes selecionados, este festival conta com forte patrocínio da prefeitura local, pois é considerado um grande evento turístico mundial, tal como o Festival de Tribeca. Por curiosidade, José Mojica Marins já foi alvo de homenagem neste festival.

♦ **Festival de Cinema de Tribeca** (Tribeca Film Festival). Foi fundado em 2002, por Jane Rosenthal, Robert de Niro e Craig Hatkoff. O nome faz referência ao bairro de Tribeca (Manhattan – Nova York), onde estava localizado o World Trade Center, fazendo homenagem às vítimas dos ataques de 11 de setembro de 2001. Junto com o Sundance, este festival é um dos mais importantes e influenciadores do mercado estadunidense, tendo como particularidades uma variedade de filmes independentes, curtas-metragens e documentários. Dessa forma, contribui também para o mercado de cinema alternativo e possibilita a descoberta de novos valores e talentos.

♦ **Festival de Veneza.** Festival internacional realizado anualmente desde 1932, mescla obras cinematográficas e exposição de obras de arte. Tem como símbolos o Leão de Ouro e o Leão de Prata para premiar os melhores. Dentre as muitas contribuições ao cinema internacional, este festival foi um dos responsáveis por colocar o cinema japonês no circuito comercial internacional, premiando *Rashomon* (1950), dirigido por Akira Kurosawa.

♦ **Festival de Tóquio.** Evento anual criado em 1985, mas não tão conhecido mundialmente como os anteriores. Junto com o Shanghai International Film Festival, é um dos mais representativos do continente asiático. Como reza a prática dos festivais, oferece um prêmio principal denominado Sakura Grand Prix Tóquio. Dentre os ganhadores, destaca-se *Abre los Ojos* (1998), de Alejandro Amenábar, da Espanha.

♦ **Bafta Awards.** O The British Academy of Films and Television Arts desenvolve e promove todas as formas de expressão de imagem em movimento – sua amplitude envolve filmes, televisão e videogames, selecionando e promovendo os melhores de cada categoria. Similar ao Emmy norte-americano, oferece o Bafta de forma regional e com categorias internacionais.

♦ **Academy of Science Fiction, Fantasy & Horror Films.** Fundada em 1972 sem fins lucrativos, por Donald A. Reed, já teve como homenageados na categoria Conjunto da Obra artistas como Vincent Price, Darren McGavin, Rod Serling, Dan Curtis, Boris Karloff e Lon Chaney. Como profissionais, Ray Bradbury, Jack

Arnold, Richard Matheson, Gene Roddenberry, Ray Harryhausen e Roger Corman, como exemplos da amplitude e foco do evento. O prêmio é o The Saturn Awards.

♦ **BFI London Film Festival.** Também conhecido como Festival de Cinema de Londres, é o maior evento relacionado ao cinema do Reino Unido. Premia trabalhos do mundo inteiro, além de oferecer outros eventos como fóruns públicos, cursos educativos e palestras destinadas tanto ao grande público quanto ao público especializado.

Além dos citados, há outros eventos como o Amanda Awards (Noruega), American Cinema Editors (USA), Art Directors Guild (EUA), Awards of the Japanese Academy (Japão), BMI Film & TV Awards, Black Reel Awards Blockbuster Entertainment Awards, Bogey Awards (Alemanha), Brit Awards, Chlotrudis Awards, Cinema Audio Society (EUA), Costume Designers Guild Awards, Csapnivalo Awards, DVD Exclusive Awards, Empire Awards (Inglaterra), Golden Screen (Alemanha), Golden Trailer Awards, Grammy Awards, Hugo Awards, Image Awards, Key Art Awards, Las Vegas Film Critics Society Awards, MTV Movie Awards, Mainichi Film Concours, Motion Picture Sound Editors (EUA), National Film Preservation Board (EUA), Satellite Awards, Science Fiction and Fantasy Writers of America, entre outros festivais e eventos que são bastante significativos para exposição das obras.

♦ **Comic-Con International.** Evento institucional bastante representativo para todos aqueles que apreciam revistas em quadrinhos e congêneres. Fundado em 1970, a organização é sem fins lucrativos e acontece uma vez por ano, em San Diego, na Califórnia (é o mais famoso, e tem réplicas em outras cidades norte-americanas e até no exterior), atraindo um número crescente de participantes, que, em 2013, girava em torno de 130 mil pessoas. Parte desses participantes integra grupos fantasiados e gera grande visibilidade para as artes populares, como revistas, livros, televisão, games relacionados à ficção científica etc. Desta forma, a indústria cinematográfica e a de games estão relacionadas, servindo como palco para gerar expectativas de grandes lançamentos, como ocorreu com *X-Men – Dias de um Futuro Esquecido*, cujo elenco compareceu ao evento em 2012, portanto, dois anos antes do lançamento do filme.

3.3.2 Fontes virtuais

Além de festivais e eventos, a indústria cinematográfica e seus amantes são bem abastecidos por fontes virtuais que atualizam dados, informações e, principalmente, notícias que fazem com que as produções tenham melhor visibilidade ou sejam lembradas de acordo com a sua importância.

- ◆ **Worldwide Responsible Accredited Production (The WRAP).** É uma organização sem fins lucrativos que divulga dados, informações e notícias referentes ao meio de entretenimento, principalmente o cinematográfico e o televisivo.
- ◆ **Internet Movie database (IMDb).** É um site lançado em 1996, por Cold Needham, programador de computadores, de divulgação de dados e informações de filmes e congêneres; talvez o mais completo do mundo com o objetivo de consulta online. É constituído por um banco de dados que pode ser consultado por filme, ator, equipe técnica e elenco, envolvendo mais de seis mil filmes e programas de televisão, além de mais de cinco milhões de biografias. Atualmente, o sistema é administrado pela Amazon, que o utiliza como meio de divulgação de DVDs. A atualização pode ser realizada pelos seus colaboradores e posteriormente serem revisados. Desta forma, pelo conteúdo de credibilidade e fácil acesso, é um dos mais requisitados pelos interessados.
- ◆ **Box Office Mojo.** Site norte-americano que apresenta dados e fatos da indústria cinematográfica, em especial os lançamentos e as bilheterias estadunidenses e mundiais. É um dos mais tradicionais, junto com o IMDb, para consulta sobre o assunto.
- ◆ **Hollywood Reporter.** Site norte-americano de variedades sobre a indústria cinematográfica, que envolve notícias sobre os bastidores das produções em andamento, fofocas e entrevistas com os elencos, diretores e equipes técnicas.

Os festivais, eventos e fontes virtuais são importantes referências autônomas privadas que coexistem a partir do interesse dos apreciadores de cinema e, portanto, são consideradas fontes de credibilidade espontânea e apolíticas.

3.4 Conclusões

Como o mercado norte-americano, principal mercado produtor e arrecadador de bilheterias, tem sofrido quedas sensíveis na arrecadação, ora pela falta de criatividade e inovação dos roteiros, ora pelos erros de marketing regional e internacional, os investidores do setor mudaram suas estratégias em relação aos seus investimentos, bem como a forma de captação de receita. Assim, as produções passaram a ser realizadas em locais em que há facilidade de obtenção de incentivos fiscais e custos menores. Além disso, a receita agora é avaliada no desempenho total no mercado internacional, uma vez que a bilheteria mundial tem crescido numa proporção maior (6%, em 2012) do que a dos EUA, muito pelo crescimento dos emergentes, como China e Rússia, e pela novidade gerada pelo formato 3-D.

Observa-se que houve mudança na lógica dos estúdios, com a diversificação dos meios de divulgação. Nessa nova ótica, as sequências de *Capitão América* e *Thor* serão possíveis considerando o mercado global e outros produtos de sustentação, como *Os Vingadores*. Atualmente, os mercados mais significativos e alvo das estratégias são: China, Japão, Reino Unido, França, Índia, Alemanha, Coreia do Sul, Rússia, Austrália e Brasil. No entanto, de nada adiantam estratégias altamente criativas de comunicação integrada e de marketing internacional, se não houver oferta de um bom produto ao mercado consumidor. É isso o que ocorre com *X-Men Origens: Wolverine* e a refilmagem de *The Day the Earth Stood Still* (*O Dia em que a Terra Parou*), que pecam pela qualidade do roteiro, ritmo da história e, principalmente, pelos conceitos nada criativos para os tempos atuais.

O primeiro desvirtua o perfil do anti-herói e o segundo não estabelece vínculo com a sociedade atual. Se a versão original de Robert Wise (baseada no conto *Farewell to the Master*, de Harry Bates) debatia politicamente a Guerra Fria e o desenvolvimento nuclear, a refilmagem parte do pressuposto de que estamos impactando a natureza, mas necessitamos de redenção, sem que, contudo, haja uma discussão aprofundada sobre o assunto e tampouco uma solução. Nesse contexto, o que parece é que o grande trunfo é a tecnologia envolvida na produção de efeitos especiais.

E pensar que os especialistas da área cinematográfica tentam entender a queda sucessiva das bilheterias! É só pensar no marketing internacional e, principalmente, no respeito ao mercado consumidor.

Como ponto final de reflexão mercadológica deste capítulo, temos que um dos grandes motivos de fracassos de filmes, além da falta de conteúdo artístico, é a baixa visibilidade e a falta de demanda. Procuramos o entretenimento que conhecemos e com o qual nos identificamos, daí a razão, mais uma vez, para a aplicação assertiva do marketing.

Perguntas para reflexão

1. Qual é a importância e as funções dos distribuidores de filmes nacionais e internacionais?
2. Que outros formatos podem ser desenvolvidos a partir de uma obra cinematográfica?
3. Qual é a importância das feiras internacionais de filmes e outros formatos?
4. Qual é a importância dos festivais internacionais citados neste capítulo?
5. Contextualizando com a Figura 3 – Modelo simplificado do sistema de valores, explique como os distribuidores podem agregar valor à distribuição de filmes.

Exercícios

1. Quais as razões para que os estúdios de cinema utilizem os distribuidores? Haveria mudança na sua resposta, se a distribuição fosse meramente virtual? Pesquise as diferenças entre um sistema e outro.

2. Quais são os benefícios e desvantagens em exibir filmes em festivais? Pesquise se houve propaganda negativa de algum filme participante de um festival internacional.

3. Pesquise os festivais internacionais citados neste capítulo. Faça uma lista dos principais filmes vencedores de cada festival nos últimos anos e identifique o posicionamento e os objetivos de cada festival.

4. Consulte o site da Ancine e apresente os serviços que esta entidade oferece aos produtores de filmes nacionais.

5. Pesquise que diferenças significativas podem ocorrer, se os filmes são produzidos em 3-D em detrimento do formato clássico. Analise do ponto de vista do formato (produto), bem como da exposição junto ao público consumidor.

capítulo 4

Livros cinematográficos

Objetivos do capítulo

♦ Discutir como um bom livro pode se tornar um bom roteiro cinematográfico.
♦ Discutir como um filme pode contar parte da história do mundo.
♦ Discutir e responder o que deve ser adaptado do livro para uma obra cinematográfica.
♦ Apresentar e discutir as diferentes formas de aplicação de uma obra cinematográfica, evidenciado a didática da aplicação em ensino e educação para adultos.

4.1 Introdução

Segundo a Unesco (2013), *livro* é uma publicação não periódica, impressa, que tem pelo menos quarenta e oito páginas. Como meio impresso, requer literalmente a leitura e atenção individual ao texto, na ordem em que este se apresenta. Em relação ao gênero, pode ser romance, policial, terror, entre outros, com diferenças de estilos entre os autores. A transposição para o cinema requer a adaptação desse texto impresso para imagens e sons, em que cada cena deve representar os conteúdos principais desenvolvidos no meio impresso. O texto deve ser transformado em roteiro e *storyboard*.

Falamos da importância de um bom roteiro argumentativo, no Capítulo 1, para uma obra cimematográfica de sucesso. Assim, a adaptação (que vai variar de acordo com o tipo de público) de uma obra literária para o cinema pode ser uma forma inteligente de se aproveitar uma boa ideia já testada e um roteiro previamente desenvolvido em filmes.

Um grande exemplo é o da autora britânica de romances policiais, suspense e mistério Agatha Christie, que escreveu oitenta livros policiais e seis romances. O cinema imortalizou alguns de seus personagens, como é o caso de Hercule Poirot e Miss Marple de *Assassinato no Expresso do Oriente* (1974), de Sidney Lumet. Outras obras suas adaptadas foram: *Morte no Nilo* (1978), de John Guilhermin, e *O Vingador* (*And Then There Are None*), de René Clair (1945), baseado no livro *O Caso dos Dez Negrinhos*. Também escreveu vinte e quatro obras de teatro – cerca de metade delas construídas a partir de seus livros, incluindo a *Morte Sobre o Nilo*. Na transposição dos personagens para o cinema, a construção diferenciada de seus perfis e as pistas apresentadas nem sempre conduzem aos culpados, como acontece em seus livros. Por isso reitero uma frase de Stanley Kubrick: "Se pode ser escrito, ou pensado, pode ser filmado".

Outros bons exemplos de adaptações não faltam e é impossível citar todos. Porém, mais recentemente *As Aventuras de PI* (2012), dirigido por Ang Lee, e principalmente as cinessséries *O Senhor dos Anéis: A Sociedade do Anel* (2001) e *O Hobbit: Uma Jornada Inesperada* (2012), ambos de Peter Jackson, comprovam como a arte de fazer cinema pode ultrapassar limites. Como curiosidade, comentou-se na época do lançamento de que dificilmente a coreografia de lutas marciais do filme *O Tigre e o Dragão* (2000), de Ang Lee, seriam superadas. Mas *Matrix* (1999), de Wachowski e depois *Kill Bill* – Volume 1 (2003), de Quentin Tarantino, conseguiram superá-lo, se não em técnica pura, mas certamente em criatividade cenográfica. Seguem alguns nomes bastante representativos de autores que tiveram seus livros adaptados para o cinema:

- Stephen Edwin King, mais conhecido simplesmente como Stephen King, é um dos exemplos mais representativos de escritor que teve seus livros adaptados para o cinema, televisão e internet, sobretudo no que diz respeito aos gêneros suspense, terror e ficção. *Baby boomer* típico, nasceu em Portland, Maine, em 21 de setembro de 1947. Mundialmente, seus livros ultrapassaram a marca de 350 milhões de cópias em quarenta países, números não relacionados com outros formatos de livros. Talvez a sua inspiração para escrever tenha sido sua infância repleta de dificuldades, como a ausência do pai (que abandonou a família quando King era criança), e um acidente no qual um de seus amigos foi atropelado por um comboio em uma ferrovia. Estudou inglês de 1966 a 1971 na Universidade do Maine e posteriormente lecionou na Academia Hampden. Nesse período, escreveu pequenas histórias que foram consolidando o seu estilo de escrever. De acordo, com o site oficial de King, seus títulos adaptados ao cinema foram: *Carrie, a Estranha* (1974); *Salem's Lot* (1975); *O Iluminado* (1977); *A Zona Morta* (1979); *A Incendiária* (1980); *Cujo* (1981); *Christine* (1983); *Cemitério Maldito* (1983); *Cycle of the Werewolf* (1983); *A Maldição* (1984); *Talismã* (1984); *It* (1986); *Os Olhos do Dragão* (1987); *Misery* (1987); *The Tommyknockers*; *The Dark Half* (1989); *A Dança da Morte* (1990); *Needful Things* (1991); *Gerald's Game* (1992); *Eclipse Total (Dolores Claiburne*, 1992); *Insomnia* (1994); *Rose Madder* (1995); *À Espera de um Milagre* (1996); *Desespero* (1996); *Saco de Ossos* (1998); *Storm of the Century* (1999); *The Girl Who Loved Tom Gordon* (1999); *Riding the Bullet* (2000); *O Apanhador de Sonhos* (2001); *A Casa Negra* (2001); *From a Buick 8* (2002); *The Colorado Kid* (2005); *Celular* (2006); *Love: A História de Lisey* (2006); *Duma Key* (2008); *Sob a Redoma* (2009); *Blockade Billy* (2010); *Novembro de 63* (2011); *Joyland* (2013); *Doctor Sleep* (2013). Este último é a continuação em livro de sua obra-prima de 1977, *O Iluminado*. Percebe-se uma vasta literatura, basicamente um livro por ano, e outros desdobramentos como contos e roteiros cinematográficos. Teve, na década de 1980, a maior quantidade de produções adaptadas para o cinema; posteriormente, nas décadas seguintes, transitou em outros formatos como a internet, mas principalmente em séries de televisão, como *Haven* e *Sob a Redoma*. Seguem comentários de suas principais obras adaptadas para o cinema:

- *Carrie, A Estranha*, dirigido por Brian de Palma, em 1976. A protagonista (Sissy Spacey), que dá nome ao filme, é introspectiva e tímida, vinda de uma mãe repressora. Sofre constantemente *bullying* e, no seu baile de formatura, reage explosivamente contra aqueles que a magoavam. Interessante adaptação de terror psicológico, bom elenco e direção. Teve um *remake*, em 2013, dirigido por Kimberly Peirce.

- *O Iluminado* (*The Shining*), de 1980, terceiro romance do mestre de terror publicado em 1977. Stanley Kubrick levou às telas, em 1980, os delírios bem interpretados por Jack Nicholson. Narra a história de uma família, composta por Jack (pai), Danny (filho) e esposa de Jack (mãe de Danny), que viaja para tomar conta de um hotel, e nesse ambiente a insanidade toma conta do patriarca da família. Enquanto isso, seu filho, sensitivo, tem visões macabras do passado e do presente. Uma das adaptações mais importantes do autor, estilosa como terror psicológico, muito valorizada também pelo diretor de qualidade.

- *Cujo* (*Cujo*), dirigido por Lewis Teague, em 1983. O pior inimigo do homem pode ser o cachorro, principalmente depois que ele contrai raiva. Família fica presa em sua casa, pois seu cachorro ficou louco. Assuntos familiares se entrelaçam nesta história de suspense menor, mas inquietante.

- *Christine, o Carro Assassino* (*Christine*), dirigido por John Carpenter, em 1983. Jovem adquire e restaura Christine, um Plymouth Fury vermelho, de 1958, que tem vida e personalidade própria e que começa a influenciar negativamente a vida do dono. Conforme a narrativa se desenvolve, dono e carro vão se transformando e se tornando o mesmo ser. Depois desse filme, outros com a mesma temática foram desenvolvidos, mas não com esta profundidade.

- *Na Hora da Zona Morta* (*The Dead Zone*), dirigido por David Cronenberg, em 1983. Pessoa desperta de um coma cinco anos depois de um acidente de carro e descobre que ganhou poderes psíquicos que lhe permitem prever o futuro. Tal fato gera grandes problemas que põem em risco a vida dele, a partir de uma trama política.

- *Creepshow – Show de Horrores* (*Creepshow*), parte roteirizado pelo autor e dirigido por George A. Romero. Na infância, Stephen King tinha por hábito ler os gibis *Tales from the Crypt*, especializados em contos de terror, que inspiraram *Creepshow*, que é um conjunto de cinco contos do mestre. Gerou duas continuações, sendo a segunda (1987) dirigida por Michael Gornick, de igual qualidade. Houve, ainda, uma terceira, em 2006, direta para o *home video*, sem a participação do autor e sem conexão direta com a revista. Na segunda história, o autor faz uma ponta como ator. No segundo longa-metragem, três contos são mesclados a uma história em desenho animado.

♦ *Colheita Maldita* (*Children of the Corn*), dirigido por Fritz Kiersch, em 1984. Casal passa por cidade que é dominada por crianças que praticam rituais de fertilidade e prosperidade por meio de sacrifícios humanos de adultos em plantações de milho. Gerou uma cinessérie sem conexão direta com o autor e de qualidade cada vez menor.

♦ *Chamas da Vingança* (*Firestarter*), dirigido por Mark L. Lester, em 1984. Um casal realiza experimento relacionado a habilidades psíquicas. Posteriormente, gera uma filha, que o governo tem interesse em estudar.

♦ *O Comboio do Terror* (*Maximum Overdrive*). Baseado em um conto curto (*Trucks*) e dirigido pelo próprio Stephen King, em 1986, este filme nos remete ao terror na *high road* e, em especial, ao de grandes caminhões que ganham vida e aterrorizam uma comunidade no interior norte-americano. Sugere ao final uma sequência que nunca ocorreu.

♦ *O Cemitério Maldito* (*Pet Sematary*), dirigido por Mary Lambert, em 1989. Família se muda para um local perto de um cemitério indígena, que tem o poder de ressuscitar os mortos ali enterrados. No decorrer da narrativa, animais e pessoas vão sendo ressuscitados, mas com personalidades diferentes. Segundo se comenta, o autor teve a ideia por morar perto de um cemitério com a família – esposa e filho. Gerou sequência de qualidade inferior.

♦ *Um Sonho de Liberdade* (*The Shawshank Redemption*), dirigido por um dos diretores especialistas no autor, Frank Darabont, em 1984. Contos retirados do livro *As Quatro Estações* deram origem a este drama sobre a história de Andy Dufresne, que leva uma vida profissional bem-sucedida até o momento em que é condenado à prisão pérpetua pelo assassinato de sua esposa e do amante dela. A partir da condenação, a narrativa passa para dentro da prisão.

♦ *Eclipse Total* (*Dolores Claiborne*), dirigido por Taylor Hackford, em 1995. Outro drama, cuja personagem título (Dolores Claiborne) é acusada de assassinar sua chefe rica, no Maine. A filha de Dolores, Selena, é uma repórter que passa a investigar o caso, descobrindo, em *flashbacks*, fases de sua infância.

♦ *Conta Comigo* (*Stand by Me*), produção norte-americana, dirigida por Rob Reiner, em 1986. Não faz parte do grupo de filmes de terror e suspense que consagraram o autor. Mesmo assim, é um ótimo exercício dramático sobre a amizade e o amadurecimento de um grupo de adolescentes que busca a solução para um grande mistério.

♦ *Thinner* (*A Maldição*), dirigido por Tom Holland, em 1996. Um velho cigano joga uma maldição sobre o personagem, depois de ter sua esposa atropelada.

Obsesso, começa a emagrecer, e todos os demais envolvidos no acidente começam a sofrer outros castigos. Vingança é o tema central, tanto do ponto de vista do personagem quanto do cigano.

♦ *À Espera de um Milagre* (*The Green Mile*), dirigido por Frank Darabont, em 1999, representa a fase humanista de King. Guardas do corredor da morte em uma penitenciária, na década de 1930, têm um dilema moral com seu trabalho quando descobrem que um de seus prisioneiros, um assassino condenado à morte, tem um dom especial. Foi sucesso de bilheteria, até em decorrência de o protagonista ser vivido por Tom Hanks. Além deste, destacam-se David Morse, James Cromwell, Graham Greene, Sam Rockwell e, principalmente, Michael Clarke Duncan, como o preso com o dom especial.

♦ *Lembranças de um Verão* (*Hearts in Atlantis*), dirigido por Scott Hicks, em 2001. Drama que retrata as reflexões e memórias de um idoso, que regressa à sua cidade após a morte de seu amigo.

♦ *O Apanhador de Sonhos* (*The Dreamcathcher*), dirigido por Lawrence Kasdan, em 2003. Jonesy, Beaver, Pete e Henry são amigos que compartilharam uma experiência quando eram crianças, que terá repercussão em suas vidas, no futuro. Ficam isolados numa cabana, com uma invasão alienígena. Destaque para a cena do banheiro, que se tornou clássica. Nesta história, um tema recorrente do autor: amizades de infância e situações que interferem nos relacionamentos.

♦ *O Nevoeiro* (*The Mist*). Esta versão dirigida por Frank Darabont, em 2007, é uma das melhores adaptações do autor para o cinema. Todos os componentes e personagens estão neste filme. A trama se passa dentro de um mercado, onde está um grupo de personagens (até o herói e um religioso). Presos, depois de uma tempestade, sem saber o que está acontecendo do lado de fora do mercado, vivenciam situações conflitantes.

Stephen King se caracterizou pela construção de personalidades distintas e que, agrupadas, traduzem antagonismos que servem como base para uma discussão de ordem social e cultural, levantando questões implícitas relativas a família, religião, relacionamentos, valores, ética e amizade. Em todas as obras, não apresenta um terror explícito e sangrento; muito pelo contrário: o verdadeiro terror pode estar latente nas pessoas. Seu terror sutil, por vezes psicológico, difere do de seu contemporâneo Clive Barker, responsável pela ideia de *Hellraiser* e também por *Criaturas das Trevas*, cujo terror é explícito.

Na década de 1980, o autor foi bastante cultuado e valorizado, por preencher um espaço ainda não ocupado por outros autores. O ineditismo foi, portanto, um dos motivos do sucesso e que levou diretores como Brian de Palma e Stanley Kubrick a assinarem os filmes adaptados. No entanto, vários outros títulos seus foram também adaptados, nessa mesma época, sem contudo receberem os mesmos investimentos que os demais (em produção e até direção), o que foi diminuindo a importância dos filmes baseados em seus livros. Com exceção de Frank Darabont, John Carpenter, David Cronenberg, Rob Reiner e Lawrence Kasdan, que conseguiram resultados acima da média, seus filmes perderam um pouco do glamour, em decorrência da massiva adaptação sem qualidade, embora sejam até hoje referências no meio literário e cinematográfico.

O marketing do autor é, dessa forma, inicialmente resultante do ineditismo de suas obras valorizadas pela crítica, o que gerou uma exposição espontânea e importante, a qual promoveu, por sua vez, a experimentação da leitura de seus livros. Aproveitando o sucesso, outros livros do autor foram lançados até a exaustão do conceito, além de terem surgido outros escritores do gênero.

Foi ainda impressionante a adaptabilidade posterior do autor, com a venda de capítulos pela internet e a veiculação de seus filmes pela TV, mantendo a sua marca pessoal.

King lança livros e contos anualmente, o que se constitui numa prova de que o gênero continua sendo bastante apreciado.

- Edgar Rice Burroughs é um escritor norte-americano, que nasceu em 1875 e fez parte da 7ª Cavalaria dos EUA, em Fort Grant, no Arizona. Daí talvez a inspiração para diversos personagens como os de *John Carter*. Escreveu também *Pellucidar*, mas seu trabalho mais conhecido do grande público é *Tarzan*, que gerou diversas versões em livre ação e desenho animado. A melhor adaptação é *Greystoke, the Legend of Tarzan, Lord of the Apes* (*Greystoke, a Lenda de Tarzan, o Rei das Selvas*), dirigida por Hugh Hudson, em 1984. Entretanto, sua maior influência no mercado cinematográfico ainda continua sendo *John Carter*, que inspirou George Lucas na sua cinessérie de *blockbusters Guerra nas Estrelas* (*Star Wars*). Infelizmente, o original não teve o mesmo sucesso nos cinemas.

- H. G. Wells teve seu livro *A Máquina do Tempo* adaptado para o cinema (1960) e dirigido por George Pal, com Rod Taylor, Yvette Mimieux, Alan Young e Sebastian Cabot. Teve outra versão posterior (2002) inferior, dirigida pelo filho do próprio autor, Simon Wells. A versão original é considerada uma das melhores adaptações do autor. No filme, o protagonista cria a referida máquina e descobre um futuro da humanidade sem desafios e livros. Ao final, fica a dúvida: que livros você levaria para reconstruir o futuro da humanidade?

- Harry Harrelson, em seu romance *Make Room! Make Room!*, também aborda um futuro apocalíptico. O filme *Soylent Green* (1973), com Charleston Heston, Edward G. Robinson, Chuck Connors e Joseph Cotton, foi adaptado desse livro. Num futuro não muito distante e com população crescente e recursos escassos, como e onde se poderia obter alimentação para a maioria da população?

- Pierre Boulet teve seu livro *Planet of the Apes* adaptado para o cinema com tanto sucesso que gerou uma cinessérie: *Planeta dos Macacos* (1968), dirigido por Franklin Schaffner e estrelado por Roddy McDowall, Charleston Heston, Kim Hunter e Maurice Evans. Clássico da ficção, conta a história de astronautas que caem em um planeta cuja hierárquica dominante é a símia. Destaque para a cena de impacto no desfecho do filme. Gerou, além de seriado de treze episódios, desenhos e revistas, e dois *remakes* diretos do original. Após o estrondoso sucesso de público e crítica, especialmente pelo roteiro original e maquiagem, era certa uma sequência (*A Volta ao Planeta dos Macacos – Beneath the Planet of the Apes*), que ocorreu em 1970, dirigida por Ted Post, especialista também no formato televisivo. Narra a história de um astronauta (James Franciscus) que lidera uma equipe à procura de Taylor (Charlton Heston, do primeiro filme), com uma história que se desenvolve como no primeiro longa-metragem, com (re)descobertas realizadas no decorrer do filme. A exemplo do primeiro filme, também apresenta um final apoteótico. Grande destaque, nos dois primeiros longas-metragens, às caracterizações símias que convencem, tanto pela equipe técnica de maquiagem quanto pelo elenco que inclui Roddy MacDowell, Kim Hunter e Maurice Evans. É possível afirmar que a sequência do grande sucesso é de qualidade similar, entretanto as seguintes pecaram pelo menor investimento e menor criatividade dos roteiros, cuja principal diferença é que parte dos conteúdos se desenvolve a partir do ponto de vista do símio (vivido por Roddy McDowall). As sequências foram: *Fuga do Planeta dos Macacos* (*Escape from the Planet of the Apes*), em 1971, filme dirigido por Don Taylor, outro especialista em televisão; *A Conquista do Planeta dos Macacos* (*Conquest of the Planet of the Apes*), em 1972, dirigido por J. Lee Thompson; *A Batalha no Planeta dos Macacos* (*Battle for the Planet of the Apes*), em 1973, também pelo mesmo diretor do anterior. Vale destacar o primeiro *remake* da obra original em 2001, dirigido por Tim Burton. Essa versão atualizada e com um investimento maior, inclusive referente aos efeitos especiais, narra a história do astronauta Leo Davidson (Mark Walhberg) de uma estação espacial que comete um erro ao entrar num "buraco de minhoca" e aterrisa em um mundo estranho liderado por símios, em 2029. Como o roteiro já é conhecido, a produção conta com algumas diferenças significativas da primeira versão. Uma delas é a hierarquia militar símia, com exército liderado pelo General Thade (Tim Roth, numa excelente interpretação), e gorilas que fazem parte da espécie que está no poder e à qual as demais são submissas. Outra diferença são as cenas realistas e impressionantes de batalhas. Embora tenha sido um sucesso de bilheteria, o filme dividiu a crítica, inclusive pela quase obrigatoriedade de ter um final de impacto. Além dos dois atores citados, Helena Bonham Carter, Michael Clarke Duncan, Paul Giamatti, Estela Warren, Cary-Horoyuki Tagawa, David Warner e Kris Kristofferson completam o bom elenco de apoio. Mais humilde, porém, de boa qualidade, em 2011 houve o terceiro *remake* intitulado *Planeta dos Macacos: A Origem* (*Rise of the Planet of the Apes*), dirigido por Rupert Wyatt. A conexão é o personagem símio chamado César, como no primeiro longa-metragem, que ganha inteligência com o uso de uma droga experimental. A trama foi atualizada para os dias de hoje, entretanto, vai no vácuo da tecnologia desenvolvida a partir da trilogia *O Senhor dos Anéis*. Inclusive, o ator que protagoniza o símio, Andy Serkis, é o mesmo que dá vida ao Gollum da trilogia, bem como de outro *remake* de Peter Jackson, *King Kong* (2005). Embora tenha tido sucesso comercial, não gerou o mesmo impacto que as duas versões anteriores. Mas a boa receptividade nas bilheterias, bem como das críticas, motivaram o estúdio a uma sequência, em 2014, intitulada *Planeta dos Macacos: O Confronto (Dawn of the Planet of the Apes)*, dirigida por Matt Reeves. Essa sequência conta a história de um grupo de macacos cada vez mais evoluídos, que se aproximam de uma guerra com os humanos. Nas refilmagens e sequências, o espírito e foco dos roteiros foi-se esvaindo, se tornando mais um roteiro a ser aproveitado como forma de manter a indústria cinematográfica.

- Emily Brontë teve seu romance *O Morro dos Ventos Uivantes* adaptado para o cinema, em 1939, com produção da Goldwyn Productions para a United Artists. O filme homônimo, dirigido por William Wyler, narra a história de Cathy (Merle Oberon), rica e mimada, seu perverso irmão Hindley (Hugh Williams), Edgard, vivido por David Niven e, sobretudo, do amor de Cathy por Heathcliff (Lawrence Olivier). Filmado em preto e branco, é considerado uma obra-prima, ganhou o prêmio de melhor filme pela Associação de Críticos de Nova York. Entretanto, o filme não explora profundamente a personalidade dos protagonistas, principalmente da dupla principal, fato este que ocorreu talvez em decorrência de ter de adaptar o livro de forma resumida no filme. A música Wuthering Heights, do disco *The Kick Inside*, cantada pela cantora inglesa Kate Bush, virou hit em 1978.

Tal qual livros, que podem (e devem) ser utilizados como meios didáticos de democratização de conhecimentos (Cf. Moram, 2009), além do natural entretenimento, filmes derivados de livros servem como meios importantes e influenciadores sociais.

4.2 Aplicações de obras cinematográficas

As aplicações de filmes estão intimamente relacionadas à estrutura dos roteiros e às propostas didáticas, e podem ocorrer tanto no ambiente acadêmico quanto no corporativo, familiar ou social. Assim, filmes podem ser mero divertimento, mas podem ser também conhecimento, cultura, ponto de reflexão, formas de diminuir a pressão do dia a dia, entre tantas outras possibilidades.

No ambiente acadêmico, por exemplo, cabe ao professor selecioná-los, bem como as tecnologias pelas quais serão veiculados, de forma criteriosa e de acordo com os objetivos pedagógicos.

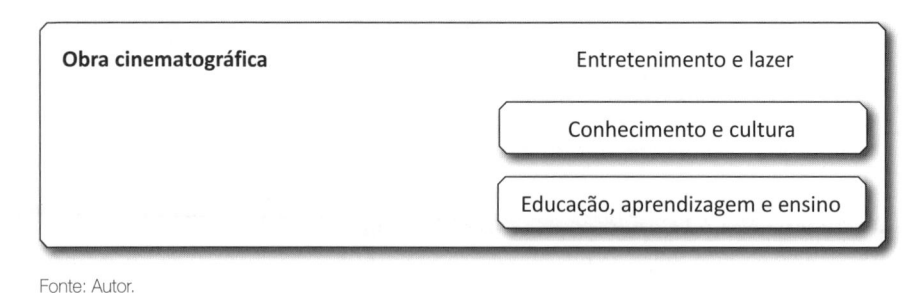

Figura 11 Aplicações de obras cinematográficas.

Livros que inspiraram filmes são, em geral, registros de temas contemporâneos que, se bem utilizados como instrumentos de reflexão, podem suscitar análises e discussões de temas comparativos numa determinada ótica, que pode envolver a Filosofia, a Sociologia, a Antropologia, a Educação, a Administração, o Marketing, as Finanças etc.

Enquanto a leitura de um livro requer maior esforço individual para que este possa ser objeto de interpretação, análise e reflexão, um filme consegue, por meio do registro em imagens, uma comunicação mais rápida com o mesmo intuito. Ler e ver são, na verdade, exercícios preponderantes e complementares para a construção do imaginário individual e coletivo de temas e fatos relevantes da sociedade.

4.2.1 Contando a história do mundo

Da época em que era aluno do curso fundamental na década de 1970, lembro que o ensino de História se resumia a decorar datas de eventos históricos. Atualmente, o ensino dessa disciplina, como de tantas outras, apresenta diferenças significativas, pois leva o aluno a conhecer o contexto e a razão de fatos e situações. Mesmo que o objetivo não seja o ensino de História, conhecê-la se torna uma importante ferramenta para podermos compreender por quais razões determinadas ciências evoluíram, por exemplo.

Sempre que um filme parte de um bom roteiro, proveniente de exaustiva pesquisa, sua credibilidade lhe permite apresentar fatos históricos de uma forma original, democratizando o ensino e a cultura. Este é o caso de *Lincoln* (2012), de Steven Spielberg, e *O Discurso do Rei* (2010), de Tom Hooper. Muitos são os filmes que retratam momentos históricos da humanidade. Seguem algumas recomendações:

Figura 12   Cartaz de *E o Vento Levou.*

Comentários: Uma das primeiras adaptações de livros para o cinema e o primeiro grande sucesso do gênero, com uma das maiores bilheterias da história do cinema, considerando o tamanho da população à época, valor do ingresso e a inflação do período avaliado. Baseado no romance (1936) de Margaret Mitchell Munnerlyn, conhecida como Margaret Mitchell, ganhou o Prêmio Pulitzer em 1937, tornando-se um dos livros mais lidos no mundo. Conta a história de Scarlett (Vivian Leigh), mulher de força, personalidade e vitalidade, que se tornou a marca registrada de uma geração, com sua fala nas cenas finais do filme. Retrata, entre outros aspectos, a Guerra Civil norte-americana de um ponto de vista romanceado. Clark Gable é outro grande astro da época que integra o elenco; vive o trapaceiro Rhett Butler. Este filme foi relançado diversas vezes (inclusive colorizado), mas faz parte de uma lista seleta de produções cinematográficas as quais é quase impossível refilmar, seja conceitual ou esteticamente, seja do ponto de vista da comparação inevitável com a versão original. O marketing aproveitou a grande repercussão do livro e a fama dos atores na época, envolvendo um grande investimento financeiro, que fez do filme um marco na história do cinema.

Figura 13   Cartaz de *Cold Mountain.*

Comentários: Outro filme que retrata a Guerra Civil norte-americana, agora do ponto de vista do soldado Inman Balis (Jude Law), um idealista e patriota, cuja personalidade vai se moldando pelo horror da guerra. Dessa forma, torna-se um desertor do exército confederado, com ideia fixa na felicidade vivida com seu amor, Ada Monroe (vivida por

Nicole Kidman), antes da guerra. É ela que assume parte da narrativa e, nessa espera pelo seu amor, mostra as consequências do cenário de guerra. Ada, ao contrário de Scarlett, de *E o Vento Levou*, pode ser considerada uma mulher determinada em relação ao seu amor, porém mostra-se frágil diante dos diferentes obstáculos que se opõem à sua felicidade e ao seu crescimento pessoal e familiar. Para fazer o contraponto com a fragilidade da personagem, aparece a figura de Rubi Thewes (Renée Zellweger), magistralmente rústica e que se torna o principal apoio na vida da protagonista. A narrativa passa do soldado fugitivo para a protagonista diversas vezes, mas há também a ótica de personagens que retratam a sociedade da época em suas características socioeconômicas e culturais. O filme foi baseado em obra homônima de Charles Frazier, novelista histórico estadunidense. Esse seu primeiro romance, publicado em 1997, teve como inspiração as histórias de seu tio-avô sobre a Montanha Fria da Carolina do Norte.

Dessa forma, *Cold Mountain* chamou a atenção do público por retratar um passado recente com um *cast* seleto, representando a força dos grandes estúdios da época. Esteticamente, é uma história de como fazer cinema. Já *E o Vento Levou* retrata um passado mais distante, baseado em obra literária que teve grande visibilidade. Como obra cinematográfica, tem como diferenciais a qualidade da narrativa, com destaque para a preocupação com a construção histórica dos cenários e paisagens (registradas por uma magnífica fotografia), além da composição de personalidades distintas para cada personagem, hábitos e costumes (muitos destes decorrentes da miserabilidade dos efeitos de uma guerra). Bom exemplo de narrativa crítica.

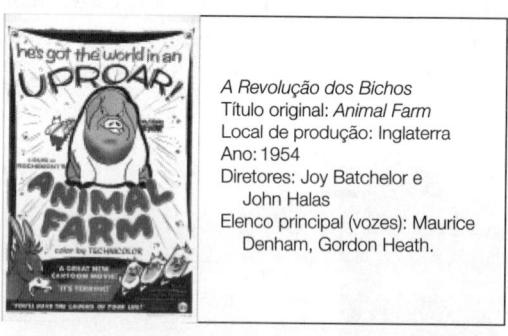

A Revolução dos Bichos
Título original: *Animal Farm*
Local de produção: Inglaterra
Ano: 1954
Diretores: Joy Batchelor e
John Halas
Elenco principal (vozes): Maurice
Denham, Gordon Heath.

Everett Collection/Easypix Brasil

Figura 14   Cartaz de *A Revolução dos Bichos*.

Comentários: Esta adaptação da obra de George Orwell foi o primeiro longa-metragem de animação inglês. Porcos, jumentos e outros animais vivem na mesma fazenda e se revoltam devido aos maus-tratos. O porco Napoleão assume o comando e determina uma nova ordem social, na qual todos são iguais, mas alguns são mais iguais que os outros, por isso utiliza cães ferozes para manter o controle. Sátira ácida ao stalinismo, à KGB, ao totalitarismo, enfim, a tudo que representava um mal para a humanidade. À medida que se desenvolve a trama, o sentido real da revolução vai se perdendo e as classes políticas ganham destaque, "já se tornara impossível distinguir quem era homem, quem era porco" (Orwell, 1982, p. 127). Por curiosidade, a CIA tentou utilizar a obra como referência anticomunista.

Apocalypse Now
Título original: *Apocalypse Now*
Local de produção: EUA
Ano: 1979
Diretor: Francis Ford Coppola
Elenco principal: Marlon Brando,
    Martin Sheen, Robert Duvall,
    Harrison Ford.

Archives du 7e Art/Zoetrope Films/Photo 12/Easypix Brasil

Figura 15 Cartaz de *Apocalypse Now*.

Comentários: O horror! O horror! Na guerra no Vietnã, capitão do exército norte-americano é convocado dos EUA para uma missão secreta para procurar e eliminar o coronel Walter Kurtz (Marlon Brando), comandante das forças armadas, que ficou louco e está agindo por conta própria, afetando a política norte-americana. Willard (Sheen), na busca pelo comandante, adentra as selvas e descobre várias coisas sobre a guerra. Considerado o melhor filme de guerra da história, adaptado do livro *Coração das Trevas*, tem cenas antológicas ao som do rock do The Doors e do trecho de ópera *A Cavalgada das Valquírias*, de *Wagner*. Faz uma crítica construtiva à guerra, bem como à neurose norte-americana.

Quem Quer Ser um Milionário?
Título original: *Slumdog Millionaire*
Locais de produção: EUA/Índia
Ano: 2008
Diretores: Danny Boyle e
    Loveleen Tandan
Elenco principal: Dev Patel,
    Anil Kapoor, Rajendranath Zutshi,
    Freida Pinto.

©Fox Searchlight/Easypix Brasil

Figura 16 Cartaz de *Quem Quer Ser um Milionário?*

Comentários: Baseado na obra de Vikas Swarup, o filme retrata a história de Jamal Malik (Patel) desde a infância pobre nas favelas de Mumbai, e de seu irmão (Zutshi), que formam com Latika (Pinto) um triângulo de relacionamento, que se estende da adolescência até o início da maturidade. Mescla a miséria das favelas ao lado mais sombrio da sociedade indiana. Embora o livro aborde outras questões, à medida que o personagem principal vaga pela "nova" Índia, coletando relatos, o filme não o faz devido ao seu orçamento modesto. O diretor Danny Boyle, que vem do circuito alternativo, bastante conhecido por *Trainspotting – Sem Limites* (1996), teve de alterar e adaptar boa parte do conteúdo do livro para tornar a história mais palatável ao grande circuito de cinema, o que lhe proporcionou, inclusive, grande êxito comercial. Exemplo desses recortes é o trecho da obra original que descreve a guerra entre Índia e Paquistão, e que no filme surge rapidamente, culminando no *reality show* – cujo grande prêmio não é o financeiro, mas a possibilidade de reencontro com o grande amor de infância. Em tempos de discussão sobre os efeitos positivos e negativos da globalização produtiva, financeira e econômica, o filme é uma boa contribuição para a reflexão sobre as dificuldades econômicas, barreiras culturais e, principalmente, sobre o estabelecimento de objetivos sociais tão necessários, mas não tão presentes na atualidade. Em conjunto com *O Exótico Hotel Marigold*, representa bem os países emergentes e como é possível fazer um contraponto com as classes sociais mais favorecidas.

O Terminal
Título original: *The Terminal*
Local de produção: EUA
Ano: 2004
Diretor: Steven Spielberg
Elenco principal: Tom Hanks,
Catherine Zeta-Jones,
Stanley Tucci.

Archives du 7e Art/DreamWorks/Photo 12/Easypix Brasil

Figura 17 Cartaz de *O Terminal*.

Comentários: Comédia dramática, parcialmente inspirada na história real de Mehran Karimi Nasseri e os dezessete anos que permaneceu no aeroporto Charles de Gaulle, em Paris, entre 1988 e 2006, por ter sido impedido de entrar na França ou voltar ao seu país de origem, em virtude de uma revolução ali ocorrida. Na versão para o cinema, o personagem é retratado como Viktor Navorski (Tom Hanks), o qual fica preso nas dependências do terminal do Aeroporto Internacional JFK, de Nova York, EUA, e não na França. O filme é interessante por discutir questões burocráticas e diplomáticas, mesmo que superficialmente, mostrando um pouco das desconexões lógicas de normas e leis internacionais relativas a temas como "deslocalização" e "desglobalização". Como em todo filme de Spielberg, as relações humanas e sociais ganham destaque. Aqui são evidenciadas a partir da solidariedade dos funcionários mais operacionais do aeroporto e de uma personagem feminina, Amelia Warren (Catherine Zeta-Jones), talvez desnecessária no roteiro, mas que serve à humanização do personagem principal. Existe, é lógico, um antagonista, Frank Dixon, vivido pelo sempre ótimo Stanley Tucci, diretor da imigração, que representa um pouco das entidades norte-americanas.

O marketing deste filme se baseou principalmente nas qualidades do diretor e do ator principal, em grande evidência na época em que a globalização já era uma realidade consolidada e passível de críticas.

A Guerra dos Mundos
Título original: The War of the Worlds
Local de produção: EUA
Ano: 2005
Diretor: Steven Spielberg
Elenco principal: Tom Cruise, Dakota Fanning, Tim Robbins, Justin Chatwin.

©Paramount/Everett Collection/Easypix Brasil

Figura 18   Cartaz de *A Guerra dos Mundos*.

Comentários: Ray Ferrier (Cruise) é um operário norte-americano, separado e que tem grande senso de responsabilidade familiar. Quando é obrigado a tomar conta de seus dois filhos (Fanning e Chatwin), vê-se envolvido, como toda a população do planeta, em uma batalha contra alienígenas. Interessante interpretação e releitura do clássico de H. G. Wells, em que toda a narrativa é feita pela ótica de um simples operário e sua peregrinação e insistência em conduzir e reconstruir os seus laços familiares em território norte-americano. Representa a neurose norte-americana pós 11 de Setembro, muito bem retratada. A versão original, dirigida por Byron Haskin, em 1953, é adaptação mais direta do clássico de H. G. Wells publicado em 1898. Quando publicado, a ciência não estava tão evoluída, por isso tanto a narrativa quanto o desfecho foram considerados muito contundentes. O enredo é uma analogia à Inglaterra e à Europa do século XIX – potências imperialistas que submetiam, colonizavam e sugavam países menos avançados tecnologicamente. Como toda boa obra com conteúdo, o objetivo do filme não é somente entreter, mas realizar uma análise crítica, no caso, sobre a Inglaterra, ao questionar como esta se comportaria se sofresse as mesmas pressões que exerce sobre outras nações. Na primeira versão, existe a figura de um padre que tenta argumentar com os alienígenas. Na versão atual, um pregador fanático (Tim Robbins) desaprova o resultado proveniente dos excessos gerados por doutrinas e credos e a crítica se faz à sociedade norte-americana e suas neuroses. Como curiosidade, o ator principal da versão original, Gene Barry, aparece na refilmagem numa ponta, como o avô das crianças. Este livro teve uma adaptação não creditada oficialmente, intitulada *Independence Day*, dirigida por Roland Emmerich, em 1996.

Na versão original, o marketing aproveitou o prestígio do autor do livro, bem como o fato de a ciência e todas as outras áreas do conhecimento estarem se expandindo, até em razão do surgimento dos *baby boomers*, no perído pós-guerra. Os efeitos, hoje considerados obsoletos, foram um grande atrativo à época do lançamento do filme. Na versão atualizada, Steven Spielberg conseguiu um resultado surpreendente e de grande sucesso de bilheteria, nos EUA e no mundo, atualizando o conceito e aproveitando outro poderoso instrumento de bilheterias, neste caso, o ator principal. Na versão não creditada oficialmente, Roland Emmerich vinha de outro sucesso, *Soldado Universal*, que, a partir desta versão, ganhou o arquétipo de destruidor do mundo, com um terror que está na destruição, inclusive, dos principais símbolos norte-americanos.

Munique
Título original: Muniche
Local de produção: EUA
Ano: 2005
Diretor: Steven Spielberg
Elenco principal: Eric Bana,
    Daniel Craig, Clarán Hinds,
    Mathieu Kassovitz.

©Universal/Everett Collection/Easypix Brasil

Figura 19   Cartaz de *Munique*.

Comentários: Filme baseado no livro *Vengeance: The True Story of an Israeli Counter-Terrorist Team*, do jornalista canadense George Jonas, de 1990. Após o episódio conhecido como Setembro Negro, em que onze atletas israelenses foram assassinados nas Olimpíadas de 1972, o filme narra a história de uma equipe formada, por determinação da Primeira-Ministra Golda Meir, para caçar e eliminar os envolvidos nos assassinatos. O filme faz uma narrativa jornalística e linear, descrevendo de maneira mais crua os eventos dramáticos que incomodaram tanto israelenses quanto árabes. Provocou discussões por desmistificar a Primeira-Ministra e também pelas interpretações dos palestinos e pelo retrato das ações da inteligência israelense e da CIA. Conforme Eduardo e Cavallari (2005), o filme questiona, entre outros pontos, as identidades étnicas e religiosas, pois o diretor não teve a simples preocupação de dirigir um filme que contasse a história como ocorreu, mas que buscasse levar às telas sua interpretação de judeu expectador e militante – por isso também estabeleceu um contexto "com a política preventiva de George W. Bush em relação aos integrantes do 'eixo do mal'. Não parece à toa que, no plano final, a câmera aponte para Manhattan, com as torres gêmeas ao fundo, ressuscitadas por efeitos de computador".

Os três filmes de Spielberg mencionados anteriormente retratam o pós 11 de Setembro e suas consequências e impactos na sociedade norte-americana e mesmo ocidental.

O Terminal trata da necessidade exagerada dos norte-americanos de protegerem seu espaço, com um tom de comédia dramática. Já *Guerra dos Mundos* trata, de forma ficcional, porém, mais contundente, a neurose norte-americana, retratada inclusive com a peregrinação (fuga da família – pai e dois filhos) da população, quando do ataque alienígena (porém existe a redenção, que é marca registrada do diretor, pois, quando capturados, eles se unem e derrotam o inimigo). *Munique* retrata, como *O Terminal*, um fato real, pesado, com poucas adaptações que minimizam a narrativa. Pelo próprio histórico do diretor, com produções mais comerciais, de fácil digestão, este último filme, por se tratar de um drama político, é considerado parte de sua produção mais madura.

Meia-Noite em Paris
Título original: *Midnight in Paris*
Locais de produção: Espanha/
    EUA
Ano: 2011
Diretor: Woody Allen
Elenco principal: Owen Wilson,
    Rachel McAdams,
    Michael Sheen

©Sony Pictures/Everett Collection/Easypix Brasil

Figura 20   Cartaz *Meia-Noite em Paris.*

Comentários: Em uma sala dos fundos do Grand Café, nos arredores do Boulevard des Capucines, Paris, foi exibida a primeira sessão paga de cinema. Woody Allen, em *Meia-Noite em Paris* (2011) apresenta a história original (que lhe rendeu um Oscar) sobre um roteirista nostálgico em visita a Paris e que, sem explicações, consegue voltar em algumas noites para a década de 1920, conversando com personagens importantes para a história, como F. Scott Fitzgerald, Josephine Baker, Ernest Hemingway, Pablo Picasso e Salvador Dali.

O Quinto Poder
Título original: *The Fifth Estate*
Locais de produção: EUA/Bélgica
Ano: 2013
Diretor: Bill Condom
Elenco principal:
    Benedict Cumberbatch,
    Daniel Brühl, Carice van Houten

©Touchstone Pictures/Everett Collection/Easypix Brasil

Figura 21   Cartaz de *O Quinto Poder.*

O filme *O Quinto Poder*, de Bill Condom, retrata a vida e relação de Julian Assange com o site WikiLeaks e as questões políticas e criminais relativas à divulgação de dados e informações que comprometem a segurança nacional norte-americana. Esse recorte de uma situação pode ser uma das razões da baixa bilheteria mundial, em especial da estadunidense, ao lado de um possível sentimento patriótico da população norte-americana. Desta forma, é possível perceber que a obra cinematográfica pode gerar discussões e interpretações a partir de dados externos a ela.

Além dos filmes citados, destacamos como verdadeiros exercícios de fazer cinema:

- *Vampiro de Almas* (*Invasion of the Body Snatchers*, 1956), dirigido por Don Siegel. Elenco principal: Kevin McCarthy, Dana Wynter, Larry Gates e Carolyn Jones. Baseado na novela de Jack Finney, é uma verdadeira obra-prima em preto e branco, que faz uma dura crítica ao macarthismo vigente na época. Essa primeira versão apresenta um final diferente do livro, em decorrência da censura da época. A versão seguinte, *Invasores de Corpos* (1978), de Philip Kaufman, é mais fiel ao livro, enquanto as demais, de 1993 e 2007, são descartáveis. Também pode ser utilizado em sala de aula para retratar as questões políticas do período pós-Segunda Guerra Mundial, em cursos de graduação em Relações Internacionais.

- *Viagem ao Centro da Terra* (*Jouney to the Center of the Earth*, 1959), dirigido por Henry Levin. Elenco principal: James Mason, Arlene Dahl, Diane Baker e Pat Boone. Melhor versão para o cinema da obra de Júlio Verne. Bom roteiro, estruturado e com efeitos nada tecnológicos, mas ainda convincentes. Retrata a história de dois grupos rivais (Lindenbrook e Sacknussen) que procuram (e encontram) o caminho para o centro do planeta, enfrentando monstros diluvianos e o pior – eles mesmos.

- *O Enigma de Andrômeda* (*Andromeda Strain*, 1971), dirigido por Arthur Hill. Elenco principal: James Olson, David Wayne e Kate Reid. Baseado em um dos muitos livros adaptados de Michael Crichton, que costuma misturar fatos históricos a outros de ficção. A história se passa na década de 1960, com a descrição de um laboratório militar, com drogas como o interferon. O enredo envolve um grupo de cientistas que investiga um vírus mortal. O que um bebê chorão e um bêbado têm a ver com a cura? Teve outra versão em minissérie (2008) para a televisão.

- *A Caçada ao Outubro Vermelho* (1990), de John McTiernan; *Jogos Patrióticos* (1992) e *Perigo Real e Imediato* (1994), de Philip Noyce; e *A Soma de Todos os Medos* (2002), de Phil Alden Robinson – todos com um personagem em comum: o agente Jack Ryan, criado pelo escritor Tom Clancy, representam um período histórico e político. *Caçada ao Outubro Vermalho* inaugurou o que foi chamado *tecno thriller*, com novas tecnologias militares (e com um ótimo e inédito embate entre dois submarinos), mesclado com crítica política. Seu roteiro apresenta um submarino russo que deserta em águas norte-americanas. *Jogos Patrióticos* e *Perigo Real e Imediato* retratam, respectivamente, o terrorismo internacional e o tráfico de drogas, enquanto *A Soma de Todos os Medos* tem como ponto central a crise política entre os EUA e a Rússia.

- *Ladrões de Bicicleta* (1948) é outro ótimo exemplo de cinema de qualidade. Produzido pelo P.D.S./E.N.I.C e por Vittorio de Sica (também responsável pela montagem e direção) e Umberto Scarpelli, apresenta situações envolvendo a então classe operária após o Regime Facista.

Conforme Baptista e Mascarello (2008, p. 99), "no cinema italiano é mais fácil falar de temáticas do que de gêneros", uma vez que grande parte dos filmes retrata temas e críticas relativas ao cotidiano e à sociedade. Para muitos, *Ladrão de Bicicleta* se diferencia até hoje pela singularidade de valores que representa: consciência solidária sem, no entanto, cair no lugar-comum num contexto político, econômico e social.

4.2.2 Gastronomia

Como forma representativa do cotidiano, o cinema pode apresentar e discutir aspectos da sociedade, de forma histórica e contextualizada, abordando diferentes culturas e situações, compondo verdadeiros registros históricos, sociais e culturais. Assim, ele apresenta e discute, a partir de seus roteiros, assuntos transversais que envolvem, por exemplo, a comida, a alimentação, a culinária e a gastronomia de forma a retratar cenas culturais e curiosas do cotidiano. Por meio da alimentação, esta necessidade básica humana, o cinema nos permite conhecer os diferentes processos de cocção, a culinária e a etiqueta – que traduzem valores humanos, estéticos, políticos, religiosos, entre outros. Carneiro (2003, p. 3) afirma que "a história da alimentação, desta maneira, abrange ao menos quatro grandes aspectos: os aspectos fisiológicos-nutricionais, a história econômica, os conflitos na divisão social e a história cultural [...] que inclui a história do gosto e da culinária".

Um bom exemplo da contribuição da sétima arte para a divulgação da arte da culinária e gastronomia é o filme *Julie & Julia* (2009), escrito e dirigido por Nora Ephron. Ele tem por base dois livros, o de Julie Powell e outro de Julia Child. No filme, Meryl Streep interpreta Julia Child e Amy Adams, Julie Powell, e Stanley Tucci dá vida a Eric-Powell, ex-marido de Julie. A narrativa começa com o cotidiano de Julia, na França, onde, para se ocupar, passa a apresentar um programa de televisão sobre culinária e escreve um livro sobre o mesmo assunto. Tempos depois, Julie assume o desafio de cozinhar todas as receitas do livro escrito por Julia.

4.2.3 Aplicando em educação e ensino para adultos

Dentre as ferramentas e instrumentos didáticos disponíveis (cf. Anastasiou e Alves, 2009), filmes podem ser utilizados para fortalecer conceitos e estabelecer relações teórico-práticas.

Entretanto, devem ser empregados de forma pontual e planejada a fim de que os alunos não considerem a atividade uma mera distração e também para que o recurso não se torne cansativo. Em curso de marketing de Turismo, exibi *Cocktail*, editado em 15 minutos para poder explicar marketing de relacionamento. Como exemplos pontuais e devidamente testados constantemente em sala de aulas de pós-graduação, estão *Amor Sem Escalas* e *O Poderoso Chefão*.

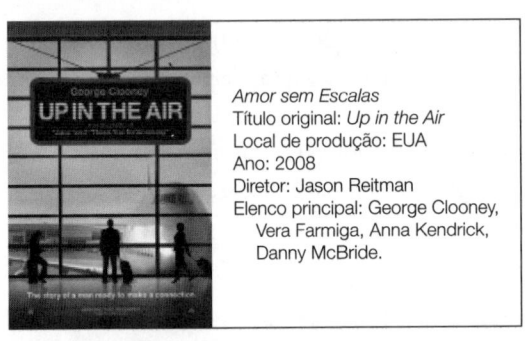

Amor sem Escalas
Título original: *Up in the Air*
Local de produção: EUA
Ano: 2008
Diretor: Jason Reitman
Elenco principal: George Clooney, Vera Farmiga, Anna Kendrick, Danny McBride.

©DreamWorks/Everett Collection/Easypix Brasil

Figura 22   Cartaz de *Amor Sem Escalas*.

Comentários: Baseado no *best-seller* de Walter Kirn, publicado aqui no Brasil em 2010, este drama tem como enredo a vida de Ryan Bingham (George Clooney), exemplar representante da geração *baby boomer*, que trabalha em uma grande empresa norte-americana especializada em *outsourcing*. Em outras palavras, o protagonista passa boa parte de seu tempo na ponte aérea, viajando pelos estados norte-americanos com o objetivo de demitir pessoas, mas compensando a situação com a oferta de planos de benefícios. Ryan tem como objetivo pessoal, por intermédio das viagens frequentes, superar a meta de 1.000.000 de milhas aéreas. No decorrer das viagens, tem um romance que, inicialmente, considera passageiro com Alex Goran (Vera Farmiga). Tem como antagonista uma recém-contratada, Natalie Keener (Anna Kendrick), representante da geração Y, que faz o contraponto do ponto de vista comportamental.

Aplicações didáticas: Os conteúdos apresentados podem ser utilizados em várias áreas do conhecimento, dependendo da forma como analisados. No curso de pós-graduação em Administração Geral e no MBA em Marketing Internacional e Formação de Traders da Universidade Paulista (UNIP), tenho frequentemente empregado o filme com foco em gestão de pessoas, marketing e marketing internacional. Em todos os casos, é importante que os alunos assistam ao filme, discutam os conceitos e, a partir das discussões, ocorra a contextualização dos conhecimentos e seu reforço.

Em gestão de pessoas, é possível a discussão sobre plano de carreira, processo demissional e, principalmente, a necessidade do estabelecimento de objetivos e metas pessoais e profissionais a partir de uma visão. Em marketing, é possível discutir imagem institucional e posicionamento pessoal e empresarial, destacando dentro do composto de marketing a ferramenta de relações públicas, conceituando e diferenciando os diferentes grupos de interesse e a importância dos *stakeholders*.

Finalmente, em marketing internacional, além dos pontos citados anteriormente, é possível discutir a evolução histórica, destacando o perfil dos *baby boomers* e da geração Y, utilizando como contrapontos Ryan e seus oponentes. Outro aspecto de interesse é a discussão da geografia de negócios internacionais nos diferentes roteiros de viagem, que envolvem desde San Antonio até a cidade de Reno. Bom roteiro, argumento e narrativa.

O Poderoso Chefão
Título original: The Godfather
Local de produção: EUA
Ano: 1972
Diretor: Francis Ford Coppola.
Elenco principal: Marlon Brando, Al Pacino, James Caan e Robert Duvall.

Everett Collection/Easypix Brasil

Figura 23   Cartaz de *O Poderoso Chefão*.

Comentários: Baseado na obra de Mario Puzo, este filme (1972) é considerado um dos melhores (senão o melhor) filmes de todos os tempos e gerou mais duas sequências (1974 e 1990) de igual qualidade. É um verdadeiro exercício de cinema, de técnica e de interpretações, em especial a de Marlon Brando, em caracterização interpretativa excepcional. A partir de roteiro também de Mario Puzo, conta a história da máfia, com brigas tanto dentro das famílias quanto entre elas, nos Estados Unidos, representando um recorte histórico e cultural.

Aplicações didáticas: Deve ser assistido fora de sala de aula, em virtude da sua duração. Depois, pode-se solicitar um relatório, indicando os personagens e sua posição dentro das famílias e os respectivos papéis na história narrada, analisando os comportamentos e ações, que podem ser contextualizados em níveis operacionais, táticos e estratégicos. Após essa etapa, o desfecho do filme pode ser devidamente analisado pelos enfoques econômico, político e cultural (neste caso, referindo-se tanto à cultura norte-americana quanto à italiana). Outro ponto transversal pode ser a discussão de valores pessoais, profissionais, morais e éticos envolvidos.

4.3 O que deve ser adaptado de um livro para uma obra cinematográfica?

Em primeiro lugar, devemos lembrar o que é um livro, qual sua estrutura e sua dinâmica de consumo e leitura. A leitura é individual e requer a atenção total por parte do leitor. Geralmente, ela é fragmentada, pois nem sempre é possível ler todo o livro de uma só vez. Além disso, alguns autores adotam estilos que requerem a releitura de trechos para que o leitor melhor possa compreender esses conteúdos.

Boa parte da leitura depende da imaginação e da interpretação individual de cada leitor, pois não existem ilustrações que possam mostrar fielmente como são os personagens e seus comportamentos. Desta forma, existe um limite entre o que é o texto e o que é imagem preconcebida pelos leitores.

Feitas essas considerações, o que deve ser adaptado e como? Respondendo à primeira questão, cada livro possui uma essência, um foco, algo que o posiciona e o diferencia de outros. *Jogos Vorazes* (2012), dirigido por Gary Ross, e baseado no livro de Suzanne Collins, possui uma crítica construtiva sobre o poder do ponto de vista da política e da repressão. Portanto, identificar o tema central a ser transportado para a telona é o primeiro passo.

O segundo passo é adaptar o roteiro para que o texto possa ter uma dinâmica diferente. Neste passo, ao adaptar um roteiro, é necessário pensar ao mesmo tempo nas possibilidades de *cast*, ou seja, quem serão os melhores atores para preencher o imaginário do público. Ao adaptar o roteiro, o *storyboard* é um instrumento importante para obter as sequências de imagens que construirão a narrativa e o perfil dos personagens.

Todo o trajeto de adaptação do livro deve ser percorrido, acompanhado de pesquisas específicas, geralmente qualitativas, que visem a possíveis adaptações no texto, conteúdo e elenco, ou seja, que visem à adaptação ao público.

O Dia em que a Terra Parou (*The Day the Earth Stood Still*) é um filme de ficção científica representativo do gênero e dirigido por Robert Wise. Mesclando ficção e política, é uma crítica pacifista à Guerra Fria. Tem por base o conto "Farewell to the Master", do escritor Harry Bates. "Klaatu barada nikto" é uma frase usada pelo robô, que virou referência da cultura pop, e foi mencionada também em outros filmes como *Guerras nas Estrelas* (1977). Na época do lançamento, tanto do livro quanto do filme, o enredo fez todo o sentido para a população mundial.

4.4 Marketing de livros

O marketing aplicado a livros é bastante distinto na medida em que a realidade a que se aplica é peculiar. Antes do fenômeno da internet, livros eram procurados e comercializados somente em livrarias, pontos de distribuição especializados no produto final ao consumidor. Foi com a dinâmica da internet que as gerações Y e Z, que não têm gosto desenvolvido pela leitura, passaram a ter uma pseudomelhora cultural com o acesso mais rápido ao conhecimento. Além disso, com o aumento dos custos da produção de livros e da manutenção das próprias livrarias, estas se tornaram pontos de serviços, com boa parte das receitas originadas de outros produtos e serviços, como venda de DVDs, material de escritório, cartões, entre outros que, de certa forma, as descaracterizaram como meios específicos de venda de livros.

Aliados a esse quadro, o custo de vida, a falta de hábito de leitura impressa e a disponibilidade de outros formatos de consulta e comercialização (como a própria internet) fizeram com que as estratégias de divulgação de livros mudassem drasticamente. Se antes a divulgação era feita só na mídia impressa, como jornais e revistas ou mesmo na televisão e até por meio de representantes que contatavam docentes para adoção de obras (no caso de livros diretamente voltados ao ambiente acadêmico), o marketing de livros teve de se adaptar à nova realidade. Desta forma, além das estratégias genéricas do setor, a venda de livros está muito dependente de como este poderá ser aproveitado futuramente em outros tipos de negócios. Um exemplo recente é a obra *Games of Thrones*, de George Martin, que, a partir de 2010, atingiu excelente venda em diversos mercados, sobretudo com a adaptação para série de TV pela HBO, que resultou em nova fase do ciclo de vendas.

Além disso, é importante avaliar as diferenças de comportamento de consumo. Nos EUA, novos títulos são lançados em tamanho normal, em geral, com capa dura e preço compatível. Posteriormente, são relançados em edição de bolso, mais barata.

No caso dos *e-books*, embora tidos como tendência mundial, ainda não representam a maior parte do volume de vendas, pois livros impressos ainda fazem parte do hábito do público, sendo os virtuais uma alternativa para os indivíduos que possuem hábitos mais informatizados – além disso, em alguns casos, o preço desse tipo de livro supera o do livro impresso.

Assim, tanto no que diz repeito à obra cinematográfica quanto à literária, a forma pode ser uma parte importante, mas é o conteúdo que deve fazer parte do imaginário coletivo da população.

4.5 Conclusões

Como negócio, livros não podem mais ser vistos apenas como formatos impressos; precisam ser relacionados, necessariamente, a outros formatos, como o digital, representado pelos *e-books*. Além disso, os livros podem ser utilizados como base para outros mercados, como o cinema, a televisão e a internet. A falta de ideias e roteiros criativos tem impulsionado essa tendência desde a década de 1990, em especial nos últimos dez anos.

Adaptar um livro para o cinema é um trabalho bastante complexo, por vezes difícil, pois o texto literário apresenta detalhes descritivos que, na grande tela, devem ser comunicados por meio de imagens. Quando se diz, portanto, que um filme respeita a obra original, remete-se à superação de um grande desafio enfrentado pelo diretor.

Filmes podem ter diferentes utilizações, dependendo do conteúdo e da imaginação, criatividade e inovação de quem desejar utilizá-lo como técnica. Filmes destinados a treinamento corporativo foram criados exclusivamente para esse fim; já os filmes de cinema foram criados para fins específicos, mas aplicações diferentes podem ser efetuadas, sempre com responsabilidade e atendendo a certos cuidados.

Como ponto final de reflexão mercadológica deste capítulo, livros e filmes representam uma importante ferramenta de conhecimento. Por meio de seus conteúdos e de um marketing bem aplicado, o consumidor deve saber o que está disponível e, principalmente, conhecer o valor agregado desses produtos.

Perguntas para reflexão

1. Essencialmente, o que é mais importante na adaptação de um livro para o cinema?
2. Que situações históricas, econômicas e sociais podem ser retratadas em filmes? Exemplifique.
3. Que outros aspectos devem ser levados em consideração ao se adaptar um livro para o cinema?
4. Podem existir aspectos que não devem ser adaptados de livros para filmes? Justifique a sua resposta.
5. Recomende outras formas didáticas da aplicação de filmes em ensino e educação de adultos.

Exercícios

1. Pesquise a série clássica *Jornada nas Estrelas – Star Trek* (1966-1969), de Gene Roddenberry, e a transposição de *Star Trek* (2009), de J. J. Abrahms, para os cinemas. Que cuidados e mudanças foram realizadas e por quais razões?
2. Selecione as versões cinematográficas de *Os Miseráveis* (1998 e 2012), de Bille August e Tom Hooper, respectivamente. Identifique as mudanças entre uma adaptação e outra a partir da obra original impressa.
3. Pesquise que cuidados prévios uma pessoa deve ter ao aplicar filmes no processo de aprendizagem.
4. Assista ao filme *Titanic* (1997), de James Cameron. Identifique pontos e conteúdos que podem ser utilizados para abordar o tema História.
5. Assista à versão original do filme *O Dia em que a Terra Parou* (1951), de Robert Wise. Explique a mensagem central e explique por quais razões a versão mais atual (2008) não apresentou o mesmo sucesso artístico e comercial.

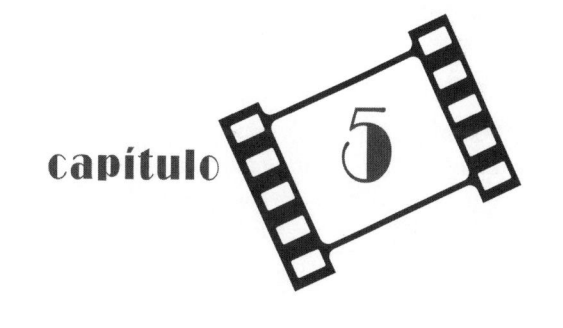

capítulo 5

Games, jogos e revistas

Objetivos do capítulo

- ◆ Discutir o marketing da indústria de games.
- ◆ Contextualizar jogos e games na indústria cinematográfica, em especial na norte-americana.
- ◆ Apontar as principais características e particularidades desse mercado.
- ◆ Discutir o que deve ser adaptado de games para o formato de filmes.
- ◆ Mostrar as revistas como fontes de histórias para obras cinematográficas.

5.1 Introdução

Jogos podem divertir, ensinar ou mesmo fazer com que se despenda energia. São definidos como atividades individuais, de dupla ou de grupos, que podem exigir determinado nível de raciocínio, análise e destreza. Requerem: a figura do praticante (pelo menos um jogador), os acessórios necessários (como o baralho, em um jogo de cartas, por exemplo) e um conjunto de regras a ser respeitado. Podem promover entretenimento e passatempo, mas também podem estimular o indivíduo física e/ou mentalmente, como ocorre com os jogos de futebol e de tabuleiro, respectivamente – daí a possibilidade de aplicação de jogos e exercícios também em práticas relacionadas ao aprendizado pessoal, acadêmico e corporativo-profissional.

Conforme o livro *Os Melhores Jogos do Mundo*, o primeiro texto sobre jogos foi elaborado no século XII, por iniciativa do Rei Afonso X, de Leão e Castela, que incumbiu seus cronistas de escreverem não só sobre artes, história, religião, leis e astronomia, mas também sobre jogos. Com isso, possibilitou o registro de práticas dotadas de originalidade que atiçavam a sagacidade dos praticantes. Conforme a mesma obra, "jogos são um patrimônio cultural de toda a humanidade, uma manifestação universal do gênio criador do homem, independentemente de fronteiras políticas ou culturais", reafirmando a importância dos jogos como elementos de cultura, mas que também se internacionalizam, num processo de democratização e intercâmbio de conhecimentos, habilidades e competências humanas.

Prova maior disso são os eventos nacionais e internacionais, como as Olimpíadas e a Copa do Mundo, ou os simples campeonatos escolares.

Muitos jogos se incorporaram na nossa sociedade de tal forma que se popularizam e se tornam práticas rotineiras. Exemplos pontuais são: o cabo de guerra, no qual cada lado representa as forças antagônicas da natureza (já praticado pelos povos primitivos); e a amarelinha, jogo intimamente relacionado aos labirintos e jornadas de espíritos da Terra ao Céu, após seu falecimento.

Outros ainda guardam, na essência, suas origens, como o jogo de xadrez (hindu), o go (japonês) e o gamão (mesopotâmico), que reconstituem guerras e batalhas, e cujo aprendizado requer o domínio da lógica da condução tática e estratégica de movimentos militares. Além disso, comprovam a incidência e importância da globalização dos jogos, uma vez que têm origens distintas, mas universais em sua prática e aplicação.

De modo geral, jogos também podem ser categorizados de acordo com o seu formato, como: de tabuleiro, de cartas e de atividades que requerem esforço físico, como boliche, bocha, vôlei e futebol, ou mesmo destreza, como o golfe. E é esse formato o que faz com que os jogos em geral difiram dos games praticados atualmente.

Por outro lado, jogos podem ter maior ou menor aceitação e frequência de prática, dependendo de suas características e objetivos. O jogo de cartas, por exemplo, que para muitos é apenas um entretenimento, para outros pode ser uma profissão, como ocorre nos cassinos de Las Vegas (EUA) e tantos outros lugares.

Estes são os pontos de vista genéricos. Para quem é fabricante, o marketing pode contribuir de diferentes formas, tanto na divulgação e distribuição quanto na comunicação integrada com o mercado. Pensando em um jogo de cartas – baralho –, quem o produz pode ser uma simples gráfica, que irá imprimir e alguém irá distribuir. Dessa forma, a empresa não presta serviços referentes ao entretenimento. Em consultoria que realizamos em empresa deste gênero, a campanha envolveu ações vinculadas à imagem de jogos de carta, bem como a ações pontuais de relações públicas.

Games – sua definição, hoje, liga-se a um formato diferenciado, em que existe sempre um nível de tecnologia envolvido. Essa tecnologia possibilita a interatividade entre o(s) participante(s) e geralmente está centrada em uma plataforma que permite a base do jogo e o controle de critérios preestabelecidos (as usuais regras do jogo). Ela é responsável também pelo design mais elaborado. Pressupõem, como os jogos convencionais, a existência da figura do jogador (individual, dupla ou grupo) e também a existência de adversários, objetivos, punições por erros e prêmios pela superação de obstáculos. O objetivo é chegar ao final de cada desafio com a melhor pontuação e, ao mesmo tempo, passar para outro nível de desafio sequencial, podendo bater recordes de desempenho. Adams (2010, p. 2) comenta que "um jogo é um tipo de atividade lúdica, realizada no contexto de uma realidade virtual, em que os participantes tentam alcançar pelo menos uma meta arbitrária, não trivial, agindo de acordo com as regras".

Gamer – são os jogadores de games, incluindo os RPG's e os videogames. Em essência, designa o jogador neste novo cenário tecnológico – o termo cria uma maior sinergia entre o game e o mercado consumidor, haja vista o crescimento de *webrings*, comunidades virtuais e fóruns de discussão ao redor do mundo. Prova disso, é a Entertainment Consumers Association (ECA), criada em 2006 para defender os direitos de consumidores norte-americanos, e a Entertainment Software Association (ESA), criada em 1994 para representar a indústria de softwares. Gamers podem ser categorizados de acordo com a frequência e intensidade com que jogam, como: *gamer usual* e o *hardcore gamer* (ou *heavy*); ou ainda de acordo com o seu comportamento, como: *retrogamers*, *import gamers* ou *cyber* atleta; há ainda o *gamer* normal, que prefere videogames normais, e o *hacker*, que utiliza softwares alterados de terceiros para criar um novo game.

Jogos necessitam de combinações e também de restrições, pois o jogador não pode estar totalmente livre para caminhar para seu objetivo, embora possa integrar e interagir com o meio virtual no qual está inserido (Trefry, 2010). A partir de cada possibilidade de movimento do jogador, haverá uma configuração de conflito e consequente mudança de opções de percurso, aumentando ou não as dificuldades para os participantes, dependendo da performance. Essa é a interatividade, a qual requer tecnologia, uma plataforma específica, bem como uma linguagem também própria. Como exemplo, temos o *Lego Fever's Clumb*, em que construções são feitas com as peças (tijolos) coloridas. Aliás, este é um importante exemplo da evolução de um brinquedo para um game adaptado às novas gerações.

5.2 Particularidades dos games

Até a década de 1980, a indústria de games e jogos era um segmento único de negócios destinado exclusivamente ao entretenimento voltado para jovens, na sua grande maioria, sem outros desdobramentos. Essa atividade era vista, inicialmente, como supérflua, mas cresceu e ganhou importância na medida em que surgiram novos desejos por novidades, fazendo com que o segmento se popularizasse cada vez mais. Na década seguinte, por várias razões, até decorrentes da falta de novos roteiros criativos de filmes, a indústria cinematográfica se voltou para a de games e jogos, obtendo uma alternativa interessante de novas possibilidades e benefícios de faturamento e exposição. São algumas dessas razões:

- ◆ Crescimento vegetativo da população economicamente ativa, bem como a transformação de hábitos e costumes das gerações X para a Y e atualmente a Z. Jogos provenientes de materiais físicos não possuem mais tanta atratividade para os jovens que nasceram e convivem num ambiente mais informatizado e virtual, sobretudo porque são mais visuais e auditivos.
- ◆ A natural transferência do público cativo dos games e jogos para o cinema, num deslocamento e fidelização, mostra que os públicos dos dois segmentos não são

distintos, mas complementares. Os consumidores fervorosos e fiéis aos games podem ser também apaixonados por outros formatos, como o de filmes.

♦ Incorporação de novas histórias e situações que podem ser transformadas em roteiros adaptados, para amarrar melhor o enredo, como a criação da personagem Alice, no filme *Resident Evil.*

♦ Convergência, transferência e incorporação de tecnologias de um segmento em outro, bem como suas novas propostas de aplicação em métodos e técnicas de comunicação.

♦ Finalmente, a indústria de games tem grande interesse em que seus produtos sejam adaptados para o cinema. Além da natural receita de direitos autorais, seu produto é altamente beneficiado com a exposição na comunicação do filme, tanto de forma direta quanto indireta, nos meios e veículos de comunicação.

É importante ressaltar que, dentro das variáveis macroambientais do marketing, duas impulsionaram e facilitaram esse fenômeno. Uma delas é a variável demográfica, que influenciou, sobremaneira, a demanda de games e jogos e, em outro momento, a venda de ingressos de filmes. As gerações Y e Z possuem características distintas e personalidades com percepção diferenciadas das anteriores, demandando novas formas de comunicação. São indivíduos considerados multitarefas, por executarem várias atividades ao mesmo tempo, além de serem mais visuais, como observado anteriormente.

A outra variável é a tecnológica, que impulsionou os dois segmentos de negócios e deu maior credibilidade às ações e movimentos, em jogos e filmes. Finalmente, ao convergir para a mídia, a tecnologia possibilitou a interação e integração na comunicação. Desta forma, o marketing teve de se adaptar a essas novas realidades.

5.3 Marketing de games

Da mesma forma que o marketing cinematográfico, o marketing de games tem características e particularidades distintas.

As raízes dos games conhecidos atualmente remontam à década de 1960, com as grandes redes de fliperamas que atraíam jovens (e até adultos) a pontos de venda como bares e lanchonetes nos Estados Unidos – imortalizados pela música *Pinball Wizard* e pelo filme *Tron: Uma Odisseia Eletrônica* (1982), dirigido por Steven Lisberg.

Com os avanços da tecnologia e as mudanças psicográficas dos novos consumidores, os games passaram por diferentes fases, desde o famoso *Pac-Man* (no Brasil conhecido como *Come-Come*) e o *Enduro* até versões atuais de outros clássicos em três dimensões (3D). Empresas visionárias entenderam a necessidade de mudanças e transformações a partir do perfil de consumidores, bem como dos avanços tecnológicos de outras mídias.

Como consequência, houve a criação de uma indústria diferenciada, com equipamentos, profissionais e empresas responsáveis pelo desenvolvimento de jogos, que têm em suas linhas de produtos games, advergames (games utilizados em publicidade e propaganda), entretenimento digital (que envolve produtos como *Call of Duty*, *Halo* e *Assassin's Creed* – estes últimos com projetos de transposição para o cinema). Os desenvolvedores de jogos eletrônicos trabalham com pesquisa e desenvolvimento de tecnologia e são responsáveis pela criação e desenvolvimento de softwares e jogos eletrônicos. Podem ser especialistas em plataformas ou podem criar variedades de sistemas ou outros tipos como o RPG.

O *Role-Playing Game*, ou simplesmente RPG, como é conhecido, significa, em português, jogo de interpretação de personagens. Tem como característica o fato de os jogadores assumirem papéis de personagens e poderem criar narrativas de forma colaborativa. O progresso de um jogo depende de um sistema de regras predeterminado, dentro dos quais os participantes podem improvisar livremente, dependendo da escolha dos jogadores. É considerado um jogo altamente colaborativo e socializador, diferente dos videogames, que apresentam, geralmente, a proposta de competição. Como romances ou filmes, o RPG agrada porque alimenta a imaginação, mas, além disso, permite o desenvolvimento de estratégias a partir da formação de grupos, sem, no entanto, limitar o comportamento do jogador a um enredo específico. Daí a sua fácil transposição como prática didática para ensino e educação.

No mercado, há empresas que atuam como produtoras, desenvolvedoras, editoras, publicadoras, distribuidoras e comercializadoras de jogos. Dentre as maiores produtoras, temos a Nintendo (Japão), Sony Computer Entertainment (Japão), Microsoft Games Studios (EUA), Activision Blizzard (França), Electronic Arts (EUA), Konami (Japão), Square Enix (Japão), Ubisoft (França), Take-Two Interactive (EUA) e THQ (EUA), movimentando anualmente bilhões de dólares.

Na sua essência, um bom game deve ter uma arquitetura com níveis de dificuldade e objetivos bem definidos, garantindo possibilidades de interatividade entre as partes – jogos, plataforma e principalmente jogador. Mas os games não se enquadram somente no âmbito do entretenimento: eles também podem ser poderosas ferramentas de comunicação, expressando tendências e características psicográficas e sociais do mercado.

Dessa forma, o marketing aplicado ao entretenimento e nesta modalidade de mercado está sustentado nas mídias usuais, incluindo revistas especializadas e televisão, que mantêm o nível de informação e interesse dos usuários com reportagens e anúncios específicos e direcionados para o público-alvo. Porém a divulgação informal, proporcionada pelos meios virtuais, é bastante representativa neste segmento.

Em decorrência da estrutura etária dos usuários e da sinergia entre os meios, tanto a internet quanto as redes sociais desempenham importante função de conexão e atualização desse público. Os sites específicos dos games, por exemplo, possibilitam o cadastramento e o relacionamento entre os envolvidos. A ideia dos sites é fornecer informações, divulgar produtos e acessórios, servir como *point* de encontro e criar relacionamentos.

Nesse caso, o objetivo direto de marketing é a venda de produtos e seus acessórios, envolvendo *upgrades*, consoles e até assistência técnica. Depois, a motivação para o uso frequente é a recompra, seja pelo esgotamento da vida útil do produto, seja pelo surgimento de novas versões do mesmo produto ou de outros produtos da mesma produtora.

5.4 Games que viraram filmes

A dinâmica da relação existente entre os formatos e o mercado é bastante intensa, fazendo com que livros, filmes e outras formas de entretenimento, ou mesmo fatos do cotidiano, possam inspirar a criação de um game. Filmes como os da cinessérie com James Bond inspiraram games tanto quanto a atração Pirates of Caribbean, da Disney, inspirou jogos e filmes.

Conforme a revista *Veja* (2013), 42% dos gamers assistem periodicamente a filmes, o que justifica mercadologicamente a transferência de um formato para outro. No início, a ideia era boa, mas o ambiente externo não. As primeiras adaptações de jogos para o cinema não foram bem-sucedidas. Como uma das razões, pode-se destacar a falta de coerência na transposição da linguagem de um formato para o outro. Enquanto grande parte da ação de um game era executada pela pessoa do jogador, estabelecendo-se a interatividade, os filmes limitavam-se a transportar personagens e situações para o *live action*, sem contudo estender o conceito original nem tampouco acrescentar algo que justificasse a transferência. Nesse período, também a tecnologia, tanto do ponto de vista dos produtores quanto do ponto de vista do espectador, não tinha possibilidade de transportar o imaginário interativo para a dinâmica da chamada tela grande. Vejamos, a seguir, alguns exemplos de transposição para o cinema – alguns de sucesso e outros nem tanto:

This Ain't No Game.

Super Mario Bros
Título original: *Super Mario Bros*
Locais de produção: Reino Unido/EUA
Ano: 1993
Diretores: Annabel Janken, Rocky Morton
Produtor: Lightmotive
Elenco principal: Bob Hoskins, John Leguizamo, Dennis Hopper, Samantha Mathis, Lance Henriksen

©Buena Vista Pictures/Everett Collection/Easypix Brasil

Figura 24 *Super Mario Bros*.

Comentários: Seu enredo se baseia numa terra chamada Brooklyn, dominada por dinossauros que, após um cataclisma, desapareceram e passaram a viver em uma dimensão paralela onde evoluíram em inteligência e agressividade. Nesse cenário, entram os personagens centrais, que são encanadores, Mario e Luigi, os quais devem salvar, nessa dimensão paralela, a Princesa Daisy do Rei Koppa e impedir a invasão de nosso mundo – esse é o desafio, que é a tônica do jogo. Foi o primeiro filme baseado em videogame da Nintendo e existe até hoje em diversas atualizações, inclusive uma versão em 3-D (Super Mario Bros 3D Rando) jogada na plataforma Wii U. *Devolution*, as armas utilizadas no filme podem ser vistas em versão melhorada no videogame Super Nintendo.

Street Fighter: *A Última Batalha*
Título original: *Street Fighter*
Local de produção: EUA
Ano: 1994
Diretor: Steven E. de Souza
Produtor: Columbia Pictures
Elenco principal: Jean-Claude Van Damme, Raul Julia, Ming-Na, Kyile Minogue, Byron Mann

©Universal/Everett Collection/Easypix Brasil

Figura 25 *Street Fighter: A Última Batalha.*

Comentários: Com Jean-Claude Van Damme em alta como ator de filmes de ação e pancadaria, *Street Fighter* (1994) conta a história de uma guerra civil na cidade de Shadaloo (sudeste da Ásia), que ganha proporções globais quando delegados da Organização das Nações Unidas são sequestrados. O Coronel Guile (Damme) e Cammy (Kyile Minogue), da Inteligência Britânica, são convocados para o resgate, mas uma repórter oportunista pode estragar todo o plano. O filme conta, ainda, com a participação de Raul Julia, falecido após as filmagens, e que estava direcionando a carreira para filmes como este e *A Família Addams* (adaptação do desenho animado televisivo). Todos os personagens do game estão no filme, exceto Fei Long, *kickboxer* secundário inspirado em Bruce Lee, possivelmente devido a problemas de cessão de direitos autorais. Na versão estaduninense, há uma cena em que os botões da plataforma de outro personagem, General M. Bison, se assemelham aos do jogo. Destaque nos jogos é o golpe de Ryu (Byron Mann), chamado Hadouken. O jogo teve versões posteriores e existe até os dias de hoje; o filme não teve o mesmo destino, tendo uma sequência de menor qualidade intitulada *Street Fighter – A Lenda de Chun-Li* (*Street Fighter: The Legend of Chun-Li*), em 2009, um ano depois da nova versão atualizada do jogo. Plataforma Capcom (Xbox 360, a PS3 e o PC).

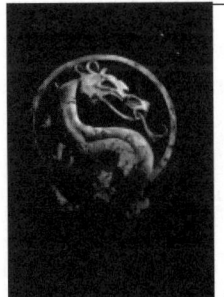

Mortal Kombat
Título original: *Mortal Kombat.*
Local de produção: EUA
Ano: 1995
Diretores: Paul W. S. Anderson
Produtor: Warner Bros
Elenco principal: Christopher Lambert,
 Robin Shou, Bridgette Wilson,
 Linden Ashby, Cary- Hiroyuki,
 Talita Soto, Trevor Goddard,
 Chris Casamassa, Françis Petit,
 Keith Cooke

©New Line Cinema/Everett Collection/Easypix Brasil

Figura 26 *Mortal Kombat.*

Comentários: Junto com *Street Fighter*, é um dos filmes mais representativos das adaptações de games. *Mortal Kombat* (1995), seguindo a ideia de um videogame normal, traz uma narrativa que envolve nove combates mortais (daí o título) em formato de torneios (o que representa uma tentativa de transpor para a tela a interatividade e competição do game) entre as forças do bem e do mal. O núcleo central é formado por atores menos famosos que os de *Street Fighter*, até em razão da quantidade de lutadores. O trio central de personagens é formado por Johnny Cage, Sonya Blade e, para variar, um chinês chamado Liu Kang. Para a transferência de um formato para o outro, os cenários são circunscritos a uma ilha, mas com um bom roteiro. Gerou, em 1997, a sequência *Mortal Kombat: A Aniquilação* (*Mortal Kombat: Annihilation*), de menor sucesso, uma vez que não houve a surpresa do primeiro filme nem tampouco um roteiro estimulante – além de investimentos. Também gerou outros produtos, como animações (*Mortal Kombat: Animação* e *Mortal Kombat: Defensores do Reino*), além de um curta-metragem (*Mortal Kombat: Rebirth*) e séries (*Mortal Kombat: A Série* e *Mortal Kombat: Legacy*). Plataforma: Nintendo.

Lara Croft – Tomb Raider
Título original: *Lara Croft – Tomb Raider*
Local de produção: EUA/Reino Unido/
 Japão/ Alemanha
Ano: 2001
Diretor: Simon West
Produtor: Paramount Pictures
Elenco principal: Angeline Jolie,
 Iain Glen, Daniel Craig, John Voight

©Paramount/Everett Collection/Easypix Brasil

Figura 27 *Lara Croft – Tomb Raider.*

Comentários: Aproveitando a boa aceitação de Angelina Jolie na época, e ainda colhendo os frutos de filmes no estilo *Indiana Jones – Os Caçadores da Arca Perdida* (aventura e arqueologia), *Lara Croft – Tomb Raider* (2001) retrata as aventuras da filha de Lord Henshingly Croft (vivido pelo pai também na vida real da atriz, John Voight). A narrativa é centrada na busca de artefatos místicos e tem como apelo dramático as relações entre pai e filha que se entrelaçam nesta busca. Outro ponto bem aproveitado são os cenários, que envolvem Inglaterra, Camboja e Islândia, por exemplo, dando um toque peculiar e característico. Pode-se considerar que esta versão popularizou um pouco mais as adaptações, em virtude também da melhor produção, que custou cerca de US$ 115 milhões. Obteve razoável sucesso de bilheteria e desfavorável crítica como filme. Gerou outra sequência, em 2003, com menor qualidade, intitulada *Tomb Raider: A Origem da Vida* (*Lara Croft: Tomb Raider: The Cradle of Life*), de Jan de Bont.

Resident Evil – O Hóspede Maldito
Título original: *Residente Evil*
Local de produção: EUA
Ano: 2002
Diretor: Paul W. S. Anderson
Produtor: Screem Gems
Elenco principal: Milla Jovovich,
    Michelle Rodriguez,
    Ryan McCluskey

©Sony Pictures/Everett Collection/Easypix Brasil

Figura 28   *Resident Evil – O Hóspede Maldito.*

Comentários: *Resident Evil* é a mais bem-sucedida adaptação de um game para o cinema, gerando uma cinessérie que é atualizada a cada sequência. A história do primeiro filme se passa antes do jogo, com um grupo de cientistas que fica isolado dentro de instalações secretas denominada Colmeia, onde existe um grande laboratório subterrâneo controlado pela Umbrella, conglomerado que trabalha principalmente com engenharia genética. Um acidente libera o T-Vírus, gerando uma epidemia. Um grupo de militares e a desmemoriada Alice (Milla Jovovich), que não aparece nos jogos, mas serve como fio condutor da trama, buscam identificar sobreviventes e enfrentam uma horda de zumbis criados a partir desta arma biológica. As instalações são divididas por níveis, e cada nível é dividido por áreas e desafios, que reproduzem, com certa fidelidade, a dinâmica do jogo. Além disso, os avanços tecnológicos incorporados a cada filme, bem como roteiros criativos (à exceção do segundo), transformam *Resident Evil* em um dos melhores filmes adaptados e do próprio gênero *sci-fi*. Produção de baixo investimento, para os padrões hollywoodianos e faturamento certo e frequente, gerou as seguintes continuações: *Resident Evil 2: Apocalipse* (*Resident Evil 2: Apocalypse*), em 2004; *Resident Evil 3: Extinção* (*Resident Evil: Extintion*), em 2007; *Resident Evil 4: Recomeço* (*Resident Evil: Afterlife* 3D), em 2010 e *Resident Evil 5: Retribuição* (*Resident Evil 5: Retribution*), em 2012.

Alone in the Dark – O Despertar
do Mal
Título original: *Alone in the Dark*
Local de produção: EUA
Ano: 2005
Diretor: Uwe Boll
Elenco principal: Christian Slater,
Tara Reid, Stephen Dorff

©Lions Gate/Everett Collection/Easypix Brasil

Figura 29   *Alone in the Dark – O Despertar do Mal.*

Comentários: Além das linhas de combate e *sci-fi*, outro gênero utilizado nas adaptações é o de terror – gênero que ganhou força a partir da década de 1980 com os independentes como Sam Raimi e sua famosa trilogia *A Morte do Demônio – Uma Noite Alucinante* (1981, 1983 e 1992), por exemplo. Já *Alone in the Dark* (2005) pode não ser considerado grande representante do gênero nesta adaptação, pois apresenta o conhecido personagem que é investigador especializado em casos sobrenaturais, envolvido com questões pessoais relativas ao seu passado. A produção apresenta um bom trio central, em especial o protagonista vivido por Christian Slater. Gerou uma sequência inferior, em 2008, intitulada *Alone in the Dark 2: O Retorno do Mal.* Nenhuma das versões foi um grande sucesso de bilheteria, pois não apresentaram conteúdos significativos.

Doom – A Porta do Inferno
Título original: *Doom*
Local de produção: EUA
Ano: 2005
Diretor: Andrzej Bartkowiak
Elenco principal: Karl Urban,
Rosamund Pike, Dwayne
Johnson

©Universal/Everett Collection/Easypix Brasil

Figura 30   *Doom – A Porta do Inferno.*

Comentários: Dentro do gênero terror, *Doom* (2005) foi mais feliz que *Alone in the Dark.* Sua narrativa se desenvolve em uma estação espacial em Marte, o que remete à ideia de confinamento e, consequentemente, analogia ao jogo. Seguindo a linha de *Residente Evil,* a tripulação local formada por civis é contaminada e entra em quarentena. Uma equipe militar liderada por Sarge (Dwayne Johnson, apelidado de The Rock, ainda em ascensão na época) tem a missão de verificar o que aconteceu e resgatar os possíveis sobreviventes. Destaque para o final do filme, que traz uma tentativa de reprodução da sensação de jogar, pela ótica do jogador.

BloodRayne
Título original: *BloodRayne*
Local de produção: EUA
Ano: 2005
Diretor: Uwe Boll
Elenco principal: Kristanna Loken,
Ben Kingsley, Michelle Rodriguez

Ball KG Productions/Album/Easypix Brasil

Figura 31 *BloodRayne.*

Comentários: Embora classificado como gênero terror, a narrativa de *BloodRayne* (2005), de Uwe Boll, segue outros rumos e não é uma grande referência no meio cinematográfico. A produção caracteriza-se pelo baixo investimento, o que é uma pena, pois a ideia central é interessante, retratando a existência de Dhampir, ser sobrenatural da Romênia do século XVIII, que vive preso (na verdade, *presa*, pois trata-se de uma figura feminina) como atração de um circo de horrores. Após sentir pela primeira vez a sensação de saborear sangue humano, sofre uma transformação mental e foge com Vladimir e Sebastian, que fazem parte de uma sociedade secreta. Passam, então, a caçar vampiros e, dentre eles, o mais poderoso de todos – clichê do gênero terror. Gerou duas sequências: *BloodRayne 2 – Libertação* (*BloodRayne 2 – Deliverance*), em 2007, e *BloodRayne 3 – O Terceiro Reich* (*BloodRayne 3 – The Third Reich*), em 2011. As sequências tiveram uma vida comercial melhor em DVD. De forma geral, o que aproxima o filme ao game são os personagens, sem, contudo, haver uma situação de adaptação conceitual do game.

Terror em Silent Hill
Título original: *Silent Hill*
Local de produção: EUA
Ano: 2006
Diretor: Christophe Gans
Elenco principal: Radha Mitchell,
Laurie Holden, Sean Bean

The Moviestone Collection Ltd./Easypix Brasil

Figura 32 *Terror em Silent Hill.*

Comentários: Outra cinessérie de relativo sucesso, mas sem também uma conexão direta com o jogo, *Silent Hill* (2006) conta a história de Sharon, filha de Rose, que sofre com constantes alucinações e pesadelos. Ao levar a filha à cidade de Silent Hill, passam, sem saber, por um portal que as transporta para uma realidade paralela, que guarda um segredo e é habitada por criaturas. Com um bom elenco, a história se assemelha às de filmes de suspenses e terror não baseados em games. Na verdade, do game só aproveita o título, pois nos remete a um ambiente bucólico, em que se percebe, de qualquer modo, a tentativa de criação de personagens. Gerou, em 2013, *Silent Hill: Revelação* (*Silent Hill: Revelation 3D*) com relativo sucesso de bilheteria, até em razão da tecnologia em três dimensões.

DOA – Vivo ou Morto
Título original: *Doa – Dead or Alive*
Local de produção: EUA
Ano: 2006
Diretor: Corey Yuen
Elenco principal: Jamie Pressly, Devon Aoki, Sarah Carter

©Dimension Films/Everett Collection/Easypix Brasil

Figura 33 *DOA – Vivo ou Morto.*

Comentários: Seguindo a linha de *Street Fighter* e *Mortal Kombat*, chegou com atraso a desnecessária adaptação de *DOA – Dead or Alive* (2006), cujas ações da narrativa se circunscrevem em uma ilha paradisíaca, na qual se realiza o torneio Dead or Alive, que dá nome ao game e ao filme. Reúne três lutadoras, Tina Armstrong, Christie Allen e Katsumi, de origem oriental. Pelo resultado final, apresenta características para o meio televisivo (um bom programa da Sessão da Tarde) e DVD e não necessariamente para o circuito comercial cinematográfico.

Hitman – Assassino 47
Título original: *Hitman*
Local de produção: EUA
Ano: 2007
Diretor: Xavier Gens
Elenco principal: Timothy Olyphant, Dougray Scott, Olga Kurylenko

©20th Century Fox Licensing/Freestyle Releasing/Everett Collection/Easypix Brasil

Figura 34 *Hitman – Assassino 47.*

Comentários: Outro gênero de filmes adaptados de games é o de ação. *Hitman* (2007) virou *graphic novel* e, posteriormente, foi transferido para filme. Apresenta um grupo de assassinos, dentre os quais, o agente 47, matador de aluguel ousado e perfeccionista no cumprimento de seu trabalho. Em um desses trabalhos, ele é envolvido em um complô político e passa a ser perseguido pela Polícia Internacional (Interpol) e pelos russos. Apresenta uma narrativa pesada, por vezes confusa, tentando apresentar o clima da Europa oriental por meio de questões psicológicas do protagonista. Só é equilibrado pela qualidade do elenco central. Seria gerada uma sequência intitulada *Hitman: Absolution,* com Paul Walker, falecido em desastre de carro, em 2013.

Em Nome do Rei
Título original: In the Name of the
    King: A Dungeon Siege Tale
Local de produção: EUA
Ano: 2007
Diretor: Uwe Boll
Elenco principal: Jason Statham,
    Ron Pearlman, Ray Liotta,
    Leelee Sobieski

Freestyle Releasing/Everett Collection/Easypix Brasil

Figura 35   *Em Nome do Rei.*

Comentários: Aproveitando o sucesso da cinessérie *O Senhor dos Anéis, In the Name of the King – A Dungeon Siege Tale* (2007) conta a história de Farmer (Jason Stantham), que parte para a vingança pela morte de seu filho e se empenha no resgate de sua esposa sequestrada por um grupo de criaturas. Do roteiro, destaca-se a decisão inicial de vingança, mas a motivação para tal ocorre justamente com a responsabilidade de resgatar a esposa sequestrada. Gerou uma sequência, em 2011, intitulada *Em Nome do Rei 2 (In the Name of the King 2: Two Worlds),* com Dolph Lundgreen, e para variar, com qualidade inferior.

Max Payne
Título original: Max Payne
Local de produção: EUA
Ano: 2008
Diretores: John Moore
Elenco principal: Mark Wahlberg,
    Mila Kunis, Beau Bridges

Abandon Entertainment/Collision Entertainment/Depth Entertainment/Album/Easypix Brasil

Figura 36   *Max Payne.*

Comentários: *Max Payne* (2008), protagonizado por Mark Wahlberg, tenta transportar o clima policial para as telas do cinema, contando a história de um policial com perfil indisciplinado, que busca vingança, o que na verdade é uma tônica e justificativa motivacional dos personagens. Conforme a história é desenvolvida, o personagem vai se aprofundando cada vez mais no submundo do crime.

Príncipe da Pérsia – As Areias do Tempo
Título original: *Prince of Persia – The Sands of Time.*
Local de produção: EUA
Ano: 2010
Diretores: Mike Newell
Elenco principal: Jake Gyllenhaal, Gemma Aterton, Ben Kingsley

©Walt Disney Co./Everett Collection/Easypix Brasil

Figura 37   *Príncipe da Pérsia – As Areias do Tempo.*

Comentários: Após inúmeras tentativas bem-sucedidas (e outras nem tanto) de levar o imaginário dos espectadores para épocas remotas no cinema fantástico, *Prince of Persia – The Sands of Time* (2010) conta a história de Dastan, acusado de um crime que não cometeu contra o seu pai e que vai à procura de vingança e em busca de verdades que se entrelaçam. Não obteve a bilheteria esperada, mesmo tendo como protagonista o ótimo ator Jake Gyllenhaal e a chancela dos estúdios Disney – que tem errado nas escolhas de seus filmes, mas, principalmente, errado nas ações de marketing, que não são condizentes com o gênero, tipo e orçamento dos filmes.

Enfim, muitos outros games foram adaptados tanto para o cinema quanto para a televisão. Entretanto, esses são os mais representativos, considerando o montante das bilheterias alcançadas ou as vendas em DVDs mundialmente.

5.5   O que deve ser adaptado de um game para uma obra cinematográfica?

A partir da definição do que é um game, existe a necessidade de explicar sua estrutura, dinâmica de consumo e aplicação.

Embora para muitos ainda exista a ideia de que um livro é escrito e um jogo não, a realidade não é bem essa. Games necessitam de histórias, principalmente aqueles que não possuem linearidade e ocorrem de acordo com os fatos e ações. Existem elementos que compõem a narrativa de games e que são similares aos das narrativas de livros ou filmes, tais como: a criação de personagens (protagonistas, antagonistas e secundários); texto com diálogos (mesmo que entre os personagens e o gamer) e que apresentem possíveis conflitos e obstáculos, como desafios a serem superados; além das configurações de cenários.

Das diferenças significativas entre a narrativa de um game e a de um livro, é possível dizer, por exemplo, que a de um livro tem começo, meio e fim, e utiliza a inserção de novos elementos à trama para aguçar a curiosidade do leitor – o que ocorre também nos filmes. No game, entretanto, os escritores e desenvolvedores devem abordar a história de modo diverso, pois o enredo não é linear e se desenrola de forma interativa, a partir da participação e interação dos gamers. A história do game, dessa forma, se desenvolve a partir da atuação do jogador, desde o início. A interferência no desenvolvimento da história está diretamente relacionada aos problemas apresentados de forma única, mas que possibilitam desdobramentos diferentes de acordo com a postura e comportamento do gamer.

Conforme Chris Bateman (2007), em narrativas de games não lineares existe a necessidade prévia de planejamento e gerenciamento das técnicas referentes aos processos que compõem a arquitetura do game.

Desde o início do jogo, o gamer deve estar motivado a participar, entretido e absorvido pelo ritmo da narrativa. Para tanto, é preciso que tenha conhecimento prévio sobre o game, seus objetivos e o grau de dificuldade proposto pelos desafios. A partir de então, o jogador deve desenvolver cada vez mais familiaridade com o ambiente onde estará inserido, substituindo a posição reativa por uma postura mais integrada e planejada para atingir os objetivos do jogo.

Dessa forma, a narrativa deve contemplar todo o processo de aprendizado, bem como as diferentes reações decorrentes do acúmulo de experiência, sem que ocorra simplesmente um final, caso o jogador consiga obter a melhor pontuação. A narrativa integrada do game com o gamer deve ser plausível e consistente, de forma a estimular a vontade do jogador de superar os obstáculos propostos e elevar-se a níveis diferenciados. Em outras palavras, narrativa e possíveis desdobramentos da história devem ser compatíveis com as experiências acumuladas, sob pena de o jogador se sentir desmotivado e abandonar o jogo.

Além disso, um ponto significativo é que, embora o game tenha uma arquitetura e estrutura programadas, ele deve possibilitar que o jogador tenha a liberdade de construir sua própria história e não ficar à mercê desta. Assim, conhecimento, informações e ações são construídos no decorrer de cada jogo.

Conforme a revista *Veja* (2013, p. 122) games devem ser avaliados sob quatro critérios:

♦ Realismo da experiência. *"Quando a sensação de jogar se aproxima do realismo profissional."* Games devem representar cenas do cotidiano, mas geralmente representam o imaginário dos gamers. E esse imaginário deve ser o mais real possível. Pensando dessa forma, a grande evolução da tecnologia, principalmente a partir da década de 1990, tornou possível a construção e o desenvolvimento de cenas cada vez mais criativas e reais, em que esse imaginário pode ser atendido, bem como a interatividade. Assim, ao transportar um game para um filme, é possível a utilização da tecnologia de efeitos visuais para criar e desenvolver as cenas, porém não é possível a interatividade, nem o desenvolvimento do imaginário, uma vez que as cenas são reais. Em *Resident Evil*, existe a cena em que os personagens devem atravessar uma espécie de túnel, que reserva uma série de armadilhas. Se conseguirem passar, entrarão em outra sala, o que significa dizer que passaram de um nível para o outro, similarmente a um game, em que, a cada superação, o jogador conquista um nível mais elevado. O mesmo ocorre em *Doom*, no qual, em determinado momento do roteiro, temos a impressão de que as cenas são visualizadas a partir do atirador. Nesse critério, é bastante importante a criatividade para a criação de cenas e situações em que o espectador possa se sentir próximo ao conceito do game.

♦ Gráficos. *"Se o visual do game corresponde ao que a pessoa experimenta em seu cotidiano."* Cada game deve ter uma personalidade distinta, consequência de seu conceito. Dessa forma, o visual e as experiências vivenciadas no game devem estar reproduzidos no filme e não somente os personagens transpostos. Imagens e situações do game devem estar presentes nas imagens e cenas do filme adaptado.

♦ Desafio. *"A dificuldade e as conquistas virtuais se equiparam às da vida real?"* A interatividade permite bons desafios, no contexto de obstáculos que geram dificuldades, vitórias e bonificações. Se não é possível a transferência total das características e conteúdos dos games para os filmes, pelo menos a percepção de que existe um objetivo a ser alcançado e metas a serem cumpridas é bastante significativa para a boa aceitação da adaptação.

♦ Diversão. *"A experiência é prazerosa o suficiente para o jogador dedicar algumas horas diárias ao hobby?"* Finalmente, não se deve esquecer a principal (mas não a determinante) função do game, que é o entretenimento. Dessa forma, os desenvolvedores, que partem de uma boa ideia ou conceito, enfim, de um roteiro, devem ter em mente onde o gamer pode conduzir ou ser conduzido para atingir a vitória. Devem propor um número de alternativas que motive a pessoa, que geralmente tem em torno de 30 anos, a prazerosamente brincar e interagir, sem esgotar as possibilidades. Daí, então, a necessidade dos três itens anteriores, devidamente conjugados, para tornar frequente a utilização desse entretenimento.

De acordo com os critérios apresentados, o primeiro longa-metragem da cinessérie *Resident Evil* é o que mais se aproxima de uma boa adaptação, tanto pelos recursos utilizados quanto pela transferência de conteúdos. Outro, respeitando a época de realização, é também o primeiro da série *Mortal Kombat*, que atende aos critérios de enredo e situações.

A partir do que foi desenvolvido neste capítulo, podemos tomar algumas lições sobre a mudança de um formato para outro:

♦ Nem sempre o conceito do game pode ser transportado para o cinema. O conceito é a parte mais importante de qualquer produto e serviço, e cada game tem um conceito que fará parte do imaginário coletivo – porém, devido às características de seu formato, é sempre um elemento de difícil transferência.

♦ É necessário identificar o que deve ser adaptado para o cinema. Games possuem características e itens distintos, que envolvem personagens, instrumentos e situações. Dessa forma, para que haja sucesso na transferência de um formato para o outro, é necessário identificar qual será a intensidade de transferência de cada um dos itens.

♦ A tecnologia é primordial para o desenvolvimento de games e filmes. A convergência das diversas tecnologias, motivada principalmente pela concorrência, gerou um *upgrade* em todo o processo de pesquisa, produção, desenvolvimento e comercialização de games.

♦ Gamers têm determinado tipo de comportamento. Os usuários devem ser estudados e analisados como qualquer outro tipo de consumidor, com a finalidade de se identificar e conhecer suas necessidades, selecionar opções de produtos que atendam a suas expectativas, saber como ocorre seu processo de compra e seu comportamento pós-venda.

♦ Filmes podem ser formas de divulgar os games. Filmes, geralmente, têm maior exposição do que games, em propaganda, publicidade e relações públicas, nos diferentes meios e veículos de comunicação. Dessa forma, a parceria pode contribuir para o sucesso comercial dos games. Entretanto, os games também devem merecer grandes anúncios de lançamentos, pois se caracterizam como produtos distintos dos filmes e, embora a parceria na divulgação possa ser positiva em outros momentos, quando do seu lançamento deveriam merecer propostas e ações distintas, sob pena de se incorrer num erro estratégio.

♦ Games podem ser formas de divulgar os filmes. Se, por um lado, muitos filmes (como os da cinessérie *O Senhor dos Anéis*) possuem, em seu site oficial, atividades que estimulam a visita a games com cenas e ideias do filme, por outro, as cenas do filme inseridas no game podem estimular o gamer a assistir ao filme. Entretanto, como o gamer joga em casa, a decisão de ir ao cinema precisa ser estimulada por um marketing diferenciado.

Ernest Adams (2010, p. 155-161) observa ainda outra razão para se inserirem histórias em games. Segundo esse autor, sem uma história, o game se torna apenas uma competição, sem uma devida contextualização com a realidade do jogador. É essa contextualização que permite que o jogador interaja, de forma mais motivadora, tornando a duração do game mais longa e, de certa forma, mais atrativa.

Desta forma, games são importantes fontes de roteiros para filmes de sucesso – os quais, por sua vez, podem ajudar a vender os próprios games, pela exposição de imagem gerada a partir da divulgação. Filmes criados a partir de games também podem receber um público transferido dos games, em virtude da curiosidade de o gamer verificar como foi feita a adaptação.

5.6 Revistas como fontes de histórias e informações

A importância da mídia impressa, em especial das revistas em quadrinhos, para a indústria cinematográfica é clara. As revistas em quadrinhos, em especial as *graphics novels*, representam, na atualidade, uma das fontes de adaptação mais rentáveis nas bilheterias de cinema. Prova disso são os personagens da *Marvel Comics*, vendida para os estúdios Disney, garantindo a este estúdio a maior concentração mundial de personagens em formatos diferenciados de mídia.

As revistas apresentam personagens que se tornam parte do imaginário das pessoas desde a sua infância até a fase adulta. E, diferentemente dos livros, revistas trazem figuras que, de certa forma, se assemelham ao *storyboard*, o que facilita a compreensão da história. Também apresentam certa demanda reprimida de quem quer ver seus personagens em *live action*.

Embora o hábito da leitura tenha diminuído drasticamente na última década, tendo levado à falência revistas e jornais, deve-se considerar que publicações como as *graphic novels* ajudaram a construir uma infinidade de personagens que atualmente estão nas telas de cinema, como Os Vingadores, O Homem de Ferro, Thor, Capitão América, Hulk, Batman, Super-Homem, Constantine e Hellboy, A Liga da Justiça, entre outros.

Desta forma, um filme é um grande divulgador e influenciador de consumo de massa de revistas e editoras como a Marvel, D.C. Comics, Dark Horse e o selo Vertigo sabem dessa importância e tentam desenvolver projetos que gerem sucessos cinematográficos.

No entanto, como a rotatividade do produto *revista* é hoje baixa, o marketing de revistas em quadrinhos se limita, basicamente, à exposição dos títulos em banca de jornal, pois se tornaram inviáveis investimentos maiores. A forma mais usual de divulgação de uma revista no ponto de venda (PDV) é diferenciá-la pelo tamanho maior ou pela quantidade de exemplares. A *Revista Herói*, especializada em *comics* e mangás, por exemplo, tinha um formato pequeno, mas a distribuição era feita em grandes lotes, o que possibilitava um melhor destaque, além de um preço extremamente acessível. Vamos, então, conhecer melhor as editoras que se voltam a esse tipo de publicação.

5.6.1 Editoras de revistas de quadrinhos

A Marvel Comics (ou House of Ideas, como é carinhosamente conhecida) é, atualmente, uma das mais conhecidas editoras de história em quadrinhos do mundo, sendo uma das principais responsáveis pela popularização de adaptações de histórias em quadrinhos para o cinema. Fundada em 1939 por Martin Goodman, na cidade de Nova York, Estados Unidos, foi adquirida, em 2009, pela Walt Disney Company por quatro bilhões de dólares, consolidando a marca Disney no cenário mundial como líder em entretenimento, revistas e cinema.

Tem em seu portfólio personagens como o Homem de Ferro, Capitão América, Hulk, Thor, Vingadores, X-Men, Quarteto Fantástico, Homem-Aranha, Demolidor, Surfista Prateado, Motoqueiro Fantasma, Namor e Doutor Estranho, entre outros. Dois aspectos sempre se destacaram na caracterização dos personagens da editora: o seu lado humano e as tentações para o lado sombrio, como no caso de Peter Parker, que se transforma involuntariamente em um herói após a morte de seu tio Ben; ou o acontece com Bruce Banner, que se transforma toda vez que sua ira eclode.

Merece destaque o fato de a Marvel, no período das duas grandes guerras mundiais, ter utilizado seus personagens para veicular mensagens de motivação.

Integraram sua equipe duas lendas das histórias em quadrinhos: Stan Lee e Jack Kirby. O primeiro foi o editor de quadrinhos da Marvel, responsável pela criação e pelos roteiros das histórias. O segundo complementava os roteiros com desenhos de características únicas, com traços que bem representam os personagens em quadrinhos. Posteriormente, outros talentos foram incorporados, como Chris Claremont, John Byrne, Roy Thomas, Len Wein e Gerry Conway.

No decorrer de sua história, a Marvel tentou outros desdobramentos para seus super-heróis, inclusive o cinema e a televisão, sem grande sucesso, por várias razões. Nas adaptações para o *live action*, os roteiros eram ruins e os filmes tiveram baixo orçamento, como aconteceu com *Capitão América* (1990) e *Quarteto Fantástico* (1994), de Roger Corman, sendo que este último foi produzido, mas nem sequer chegou a ser lançado em circuito comercial. Foi somente a partir de *X-Men* (2000), de Bryan Singer, e *O Homem-Aranha* (2002), de Sam Raimi, que houve a abertura de boas adaptações, sendo consolidada com o *Homem de Ferro* (2008), de John Favreau.

A DC Comics é outra editora norte-americana, localizada em Nova York, especializada em histórias em quadrinhos. É considerada por alguns a principal concorrente da Marvel, embora possa se afirmar categoricamente que as duas editoras se equivalem em importância, qualidade e influência de seus conteúdos. É subsidiária da Time Warner, importante empresa estadunidense de comunicação, tendo em seu portfólio personagens bem representativos da cultura norte-americana, como Batman, Superman e Mulher Maravilha, além de Aquaman, Flash e Lanterna Verde, diferindo da Marvel por ter conteúdos mais lúdicos.

Com a grande exposição da Marvel no mundo do cinema a partir de 2000, a DC Comics tentou, sem sucesso, várias adaptações das revistas para o *live action*, como, por exemplo, o *Lanterna Verde* (2011), sem êxito comercial, e a versão de *Superman* (2006), de Bryan Singer. Na verdade, muitos erros de intensidade do marketing foram cometidos. Mesmo a escolha do elenco foi falha. Assim, somente com o *reebot* de *Batman Begins* (2005) é que teve a oportunidade de ter uma cinessérie de sucesso, o que a fortaleceu para um novo *reboot* do *O Homem de Aço* (2013), de Zack Snyder.

Com o grande êxito de bilheterias da adaptação de *Os Vingadores* (2012), de Joss Whedon, para a Marvel, sua concorrente, a DC Comics teve que, obrigatoriamente, antecipar seus esforços em decorrência da cobrança de seu público ávido para ter *A Liga da Justiça*, em pé de igualdade com *Os Vingadores*.

A Dark Horse Comics é uma editora estadunidense, criada em 1986 por Mike Richardson, a partir da cadeia de varejo Oregon. É a terceira maior editora de história em quadrinhos norte-americana. Lançou a publicação *Dark Horse Presents* e o personagem Concreto, que deram visibilidade à editora a partir de seu sucesso comercial. Posteriormente, foi se especializando em títulos derivados de outros meios, como Conan, Aliens e também O Predador, mas foi com a série *Star Wars*, na década de 1990, que a editora se consolidou no mercado editorial de história em quadrinhos. Tem ainda em seu portfólio revistas como *Buffy* (The Vampire Slayer) e *Dollhouse*, além de mangás japoneses e *crossover* de personagens. Consolidada, a Dark Horse Entertainment investe na área cinematográfica junto com Twentieth Century Fox, produzindo filmes como *O Máskara* (1994), *Timecop* (1994) e a cinessérie *Hellboy* (2004), primorosamente desenvolvida e dirigida por Guilhermo Del Toro.

A Vertigo é uma editora estadunidense, fundada em 1993, por Karen Berger. É uma divisão da DC Comics que oferece uma linha mais adulta, explorando outros temas como violência e nudez. O selo foi responsável, a partir da década de 1980, por *O Monstro do Pântano*, *Watchmen*, *Sandman*, *Jonah Rex*, *Preacher*, *V de Vingança* e *Hellblazer*. Atraiu escritores de peso como Alan Moore e Neil Gaiman, que fizeram de suas revistas e conteúdos verdadeiros *cults* populares. *Constantine* (2005) e, em especial, *The Watchmen* (2007) foram boas adaptações para o cinema, mas tiveram suas bilheterias restritas ao público adulto devido a seus conteúdos.

A análise das quatro editoras mostra que cada uma delas tem um posicionamento distinto a partir de um potfólio de personagens. Se a Marvel Comics possui heróis mais humanizados, a DC Comics tem personagens mais complexos, porém com uma postura mais lúdica; as outras duas editoras possuem posicionamentos com uma segmentação mais específica e, de certa forma, direcionada a um público mais adulto.

Aqui no Brasil, várias editoras ajudaram a popularizar as histórias em quadrinhos, principalmente a partir da década de 1960. Uma delas foi a Editora Brasil América (EBAL), que iniciou a tendência de consumo dos heróis em geral com a publicação de revistas de heróis da Marvel, tanto com capa plastificada, em preto e branco e coloridas, quanto com capa dura, em edição de luxo, com as tiras originais, de personagens como Flash Gordon e Mandrake, que já haviam sido publicadas em jornais.

A Editora Abril também contribuiu, significativamente, para a divulgação de vários títulos, em especial aqueles relacionados aos personagens da Disney, sendo os pioneiros o Tio Patinhas, Mickey e Pato Donald.

Também vale destacar a Rio Gráfica e Editora, que publicou uma das mais importantes revistas em quadrinhos, a *Gibi* – que até virou sinônimo de revista em quadrinhos, no Brasil –, além da lendária *Cripta*, uma das melhores, senão a melhor revista de quadrinhos especializada em terror e suspense. Gerou até um *spin-off* no país, chamada Nova Geração.

Por fim, fora do mercado norte-americano, não podemos deixar de mencionar o belga Georges Remi, mais conhecido pelo pseudônimo Hergé. Seu principal personagem, Tintin, foi criado em 1929 e suas primeiras tiras foram publicadas na revista *Le Boy-Scout Belge*, como personagem integrante da série Totor, Chefe da Patrulha dos Besouros. Ainda em 1929, a editora Le Petit Vingtième editou Tintin em suas três primeiras publicações individuais: Tintin no país dos sovietes, Tintin no Congo e Tintin na América. A partir de 1934, a publicação de Tintin ganhou regularidade até 1940, quando passou às Editions Casterman, que publicou os álbuns das aventuras de *Tintin*. Com a invasão da Bélgica pelas tropas alemãs em 1940, as editoras foram extintas e as histórias do personagem só voltaram a circular em 1946 em um semanário que recebeu seu nome. Mas foi só em 1950, quando Hergé criou seu próprio estúdio, que as edições ganharam maior regularidade. Nesses estúdios, Hergé reuniu uma dezena de colaboradores, entre eles Bob Moor, Edgar Pierre Jacobs, Jacques Martin. *As Histórias de Tintin* são, ainda, traduzidas para mais de 50 línguas, atingindo mais de 200 milhões de cópias vendidas.

Aqui no Brasil, é publicado pelo selo Hemus, que existe desde a década de 1960 e que hoje é de responsabilidade da Leopardo Editora.

O personagen gerou o filme *The Adventures of Tintin* (2011), cinessérie que teve seu primeiro longa-metragem dirigido por Steven Spielberg e produzido por Peter Jackson. Com um elenco formado pelas vozes e performances capturadas por movimentos de Jamie Bell, Andy Serkis, Daniel Craig, Nick Frost e Simon Pegg, foi uma resposta artística do diretor e do produtor à tendência das adaptações de histórias em quadrinhos para o cinema. Selecionando um herói com as características de Tintin, os res-

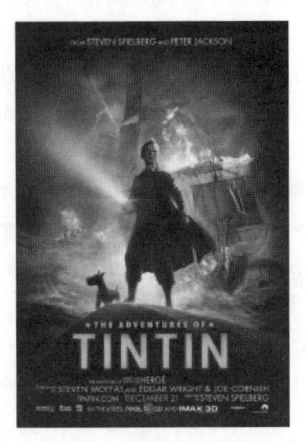

©Paramount/Everett Collection/Easypix Brasil

Figura 38   *As Aventuras de Tintin.*

ponsáveis se preservaram em relação ao posicionamento de suas respectivas carreiras, não misturando seu perfil com os de outros estúdios de cinema. A parte técnica – a de efeitos especiais – influenciou positivamente a adaptação da obra, principalmente pela utilização da técnica de captura de movimentos desenvolvida pela Weta, empresa de Peter Jackson (que deu vida ao Gollum, da trilogia *O Senhor dos Anéis*), diretor da refilmagem de *King Kong*.

O personagem belga não tem superpoderes, é um repórter astuto e está sempre acompanhado pelo seu fiel cão Milou. Pela profissão, tem a possibilidade de viajar, já que trabalha com jornalismo investigativo. Mescla suas narrativas com dados históricos, como a Segunda Guerra Mundial e a conquista da Lua. Embora o personagem seja bastante conhecido no mercado europeu, não tem tantos leitores no âmbito internacional, o que forçou os produtores do filme a lançá-lo, inicialmente, na Europa e só posteriormente nos Estados Unidos.

5.7 O que adaptar da revista em quadrinhos para o cinema

Também em relação às revistas em quadrinhos, é necessário identificar o que deve ser adaptado, como e por quê. Não daria para imaginar, nos dias de hoje, um Wolverine com um uniforme amarelo (original dos quadrinhos), nem tampouco um Super-Homem com uma sunga azul-claro. Da mesma forma, um Super-Homem com um filho e família, como foi retratado em *Superman: O Retorno*, de Bryan Singer, quase afundou a franquia, pelo clima nostálgico e, principalmente, por relacionar o personagem a responsabilidades concretas, humanas.

Exemplo dessa necessidade de critério para selecionar o que deve ser adaptado são filmes como *Spirit*, que, em sua primeira versão de 1987, pecou pela inocência do roteiro (que mais o fez parecer um filme da Sessão da Tarde) e, em sua segunda versão, de 2008, errou na linguagem cinematográfica, o que fez do filme de Frank Miller um retumbante fracasso.

O Sombra (1994), de Russell Mulcahy, por sua vez, traz uma adaptação bastante interessante, mantendo os traços do personagem dentro do enredo de época.

A melhor adaptação de quadrinhos, entretanto, é a da trilogia *Batman*, de Christopher Nolan, que conseguiu desenvolver o clima necessário para dar credibilidade e substância ao personagem.

Nos filmes adaptados, geralmente ocorre a reprodução de situações e até quadrinizações das revistas, como no caso em que Peter Parker (vivido por Tobey Maguire) perde sua motivação e, consequentemente, seus poderes como Homem-Aranha (no segundo filme, de 2004) e deposita seu uniforme na lata de lixo de um beco.

5.8 Revistas e outras fontes especializadas

Finalmente, vale citar as revistas especializadas em cinema e televisão, além de outras fontes de importância para a divulgação de notícias sobre o assunto. Existem diversas alternativas de consulta tanto nacionais quanto internacionais e, tanto aqui quanto lá fora, muitas dessas publicações não conseguiram sobreviver muito tempo no mercado, apesar de sua qualidade.

5.8.1 Revistas e outras fontes internacionais

- **Premiere**. Sua versão portuguesa passou por diversas descontinuidades, desde 1999, quando foi lançada. Em dezembro de 2012, o grupo Multipublicações, que detém seus direitos em Portugal, anunciou que estava deixando de publicá-la em decorrência da queda das vendas em bancas e também de assinaturas. Outros argumentos para o encerramento da publicação em Portugal seriam a crise no país e a falta de apoio do mercado ao cinema. Pelo conteúdo, que envolvia críticas, calendário de estreias, novidades em DVD associados a passatempos e diferentes ofertas de dados e informações, a publicação era ótima fonte institucional sobre cinema. Felizmente, a revista francesa continua com publicação normal, inclusive com página na web, com versões para outros formatos, como iPad, permitindo a interação do leitor via Twitter.

- **Total Film**. Esta revista britânica se autodenomina "The Modern Guide to Movies". De fato, a publicação funciona como um guia. Lançada em 1997, traz informações ao leitor sobre produções recentes, resenhas críticas, não só sobre cinema, mas também dos lançamentos em outros formatos, como Blu-ray e DVD. As imagens, de qualidade indiscutível, trazem cenas dos filmes, fotos de atores e diretores, ilustrando as matérias, muitas vezes em página dupla. Seu site oferece *trailers* de filmes, além de vídeos com entrevistas de diretores, sobre a carreira de atores etc. Seus fóruns permitem que os leitores interajam. Têm destaque também os concursos que oferecem ingressos para estreias de filmes, aparelhos de TV e de Blu-ray. A *Total Film Portugal* deixou de ser publicada, segundo os editores, pelos mesmos motivos que a *Premiere Portugal*, mas a original britânica mantém-se focada no mercado com recursos de interação e possibilidades de formatos.

Possui versão para iPad, que possibilita interatividade. Busca aproximação com seus leitores por meio de páginas em redes sociais, como o Facebook e Twitter. Além disso, mantém blog Tumblr e página com vídeos no YouTube.

Figura 39   Revista *Total Film*.

Figura 40   *Website* Total Film.

- **Los Angeles Times.** Embora seu foco não seja essencialmente o cinema, este periódico, conhecido como *LA Times*, tem circulação em vários estados norte-americanos e apresenta, em suas pautas, reportagens e notícias sobre a sétima arte com grande difusão, pela sua credibilidade e inserção institucional. No caderno Entretenimento, dedica extensa sessão à sétima arte, em que trata de filmes de todos os tempos, dos quais traz resenhas e *trailers*. Além disso, fala dos principais festivais de cinema, como o Sundance, e traz notícias sempre atualizadas sobre a Academy Awards. Também possui plataforma digital.
- **Fangoria.** Revista norte-americana publicada desde 1979 e especializada em filmes do gênero terror, fantástico e suspense. Inicialmente, foi um fracasso de vendas devido ao conteúdo apelativo, o que provocou a mudança de todo o grupo de colaboradores, culminando na venda para a Creative Group em 2000. Mantém ainda os conteúdos focados no gênero, abordando filmes de cinema, TV, livros, artes e cultura em geral. Apresenta colunas assinadas por críticos, e, na sua versão eletrônica, traz *links* que redirecionam o leitor para o YouTube a fim de conferir os filmes analisados. A revista tem versões em outros países, como Espanha, Itália e Japão.

5.8.2 Revistas e outras fontes nacionais

No Brasil, revistas especializadas também contribuíram para que a sétima arte se difundisse e se constituísse um importante apoio informativo. Destacam-se as principais revistas:

- **Set.** Uma das mais longevas revistas especializadas em cinema do mercado brasileiro, pelo menos em edições contínuas. Seu primeiro número circulou em 1987 e suas publicações ocorreram até novembro de 2008. Apresentava conteúdos relacionados a lançamentos, devidamente comentados, bem como reportagens especiais. A revista era símbolo de publicação na área e com muitos leitores. Foi publicada por várias editoras, como a Azul, Abril, Peixes, Cia. Brasileira de Multimídia e Aver.
- **Sci-Fi News.** Outra revista representativa, porém especializada no gênero fantástico de cinema, envolvendo desde a ficção científica até terror e suspense. Começou a circular em 1997, mas hoje mantém-se apenas no formato digital, segundo a própria revista, "com exclusiva e independente produção e edição do Núcleo de Edição Sci-fi News".
- **Herói.** Revista criada em 1994 e que sobreviveu por doze anos, especializada em cinema, televisão e personagens de histórias em quadrinhos, seriados e desenhos animados. Editada por André Forastieri e Rogério Campos, praticamente foi uma extensão natural de uma revista derivada da revista *Set*, da Abril. Em tamanho pequeno, a umpreço baixo, teve grande aceitação inicialmente pelo público, pois focou em desenhos e mangás japoneses, em grande evidência na época, especial em *Os Cavaleiros do Zodíaco* e *Ultraman*. Hoje, seus conteúdos estão no *website*: heroi.com.br. Oferece assinaturas *mobile*.
- **Preview.** Publicada pela Nova Sampa Diretriz Editora Ltda., tem como editor de redação Ricardo Matsumoto. É um dos poucos títulos ainda oferecidos no mercado brasileiro, apresentando um bom conteúdo relacionado principalmente a filmes de cinema, estendendo seus conteúdos a outros formatos como os oferecido pela televisão paga, além de livros, games, mangás e equipamentos.

Revista *Preview*

Figura 41 *Preview.*

A revista *Preview* mantém um blog oficial em que traz a capa das edições regulares e das especiais, apresentando seus conteúdos de destaque. Disponibiliza *trailers* de filmes e minisséries, que podem ser facilmente encontrados por meio da ferramenta "busca".
É por meio desse blog que a revista interage com seu público, utilizando enquetes, e dá destaque ao seu Twitter como canal para a que o leitor se manifeste, inclusive com a publicação das mensagens recebidas. Traz *links* como o de sua página no Facebook e da loja *Preview* virtual. Faz enquetes sobre os mais variados assuntos e realiza promoções. Merecem destaque os eventos promovidos, como, por exemplo, bate-papos entre o público da revista e convidados, como diretores, roteiristas e profissionais da própria *Preview*.

Blog da Revista Preview

Figura 42 *Preview (Blog oficial).*

- **Monet.** Revista da Editora Globo especializada em programa de televisão a cabo e que apresenta conteúdo multivariado, envolvendo dados, fatos e curiosidades sobre programas de televisão, séries nacionais e estrangeiras, canais pagos e filmes de cinema, devidamente comentados para o público em geral, bem como para os assinantes da TV paga. Tem versão em *website*, com links para entrevistas com atores, notícias sobre o meio artístico, tudo com constante atualização. O leitor consegue interagir por meio, sobretudo, de *tweets* que são publicados no site.

Revista Monet/ Editora Globo

Figura 43 *Revista Monet.*

- **Revista de Cinema.** Especializada no cinema brasileiro, circula desde 2000, apresentando descrição e crítica de filmes nacionais, bem como particularidades do mercado cinematográfico, inclusive dados e informações técnicas sobre equipamentos de produção. Traz notícias dos principais eventos do cinema nacional, tais como o Festival de Gramado, de Recife, de Brasília, Cine Ceará, Tiradentes, entre outros. Circula com periodicidade bimestral e possui versão eletrônica, que tem a vantagem de ter atualizações diárias.

- **Cinemin**. Uma das mais representativas revistas especializadas em cinema da história brasileira. As edições em tamanho grande possibilitavam uma posição de destaque no ponto de venda e seus conteúdos editoriais apresentavam desde críticas de filmes até detalhes técnicos das produções, e não se limitavam somente ao cinema mais contemporâneo,

HL Filmes/Revista de Cinema

Figura 44 *Cinema de Cinema.*

mas se preocupavam com particularidades importantes de fatos pertencentes à própria história do cinema, bem como de diretores, produtores e elenco. Sua última fase, publicada na década de 1990, teve Fernando Albagli e Sérgio Leemann como editores da revista, o que garantiu um ótimo nível de qualidade.

Restaram no mercado brasileiro poucas publicações especializadas impressas sobre cinema. Os altos custos de produção e direitos de utilização de imagens, mas, principalmente, a concorrência dos meios virtuais e a diminuição crescente do hábito de leitura causaram fortes prejuízos a jornais e revistas – na verdade, em todo o mundo, deixando praticamente órfãos aqueles que desejam dados e informações sobre o seu principal *hobbie*.

5.9 Conclusões

Jogos representam parte da história da humanidade e foram criados a partir de aspectos das culturas regionais com o objetivo de entreter, testar conhecimentos e habilidades físicas. Como geralmente possuem conceitos definidos, sua evolução acompanhou as mudanças e transformações das variáveis macroambientais, representando uma fotografia histórica de determinado momento. Dessa evolução natural, surgiu outra ramificação decorrente dessas mudanças e transformações – os games, que em síntese possuem pontos convergentes e divergentes em relação aos jogos.

A criação de um game se assemelha à de um livro ou de um filme, ou mesmo de outra obra de arte: envolve, mesmo que tecnologicamente, a criação e desenvolvimento de um conceito, design (Thompson, 2007) e estímulos que visam motivar e incentivar o gamer a utilizar de forma proativa o produto. Com essa personalidade, a transição de formatos de games para o cinema (e vice-versa) possibilitou uma alternativa interessante de ideias de roteiros, que nem sempre foram bem aproveitadas, em decorrência de vários fatores, como o desconhecimento do que realmente deve ser adaptado de um formato para o outro.

Outro formato importante e com melhores resultados no processo de migração são as revistas em quadrinhos, que conseguiram que suas histórias e personagens fossem adaptados para o cinema em decorrência de similaridades de formato e público.

Como ponto final de reflexão mercadológica deste capítulo, a função essencial do marketing é disponibilizar, com qualidade, aquilo que será o objeto de desejo dos consumidores, sejam eles quem forem e seja em que formato for.

Perguntas para reflexão

1. Que características um game deve ter para obter sucesso junto ao seu público-alvo?
2. Por quais razões um jovem pode (ou deve) ter como *hobbie* jogar games?
3. O que se deve levar em consideração ao adaptar um game para um filme?
4. Que características de um game são determinantes para que a sua adaptação para o cinema seja bem-sucedida?
5. Que cuidados os produtores e diretores de filmes devem ter ao adaptar um game?

Exercícios

1. Qual é a diferença entre um jogo e um game? Escolha um de cada categoria e discuta.
2. Escolha um game de sua preferência. Identifique o conceito e os itens característicos que o diferenciam de outros games.
3. Como transferir esses itens para o formato cinematográfico?
4. Identifique a tecnologia empregada entre dois games de sua preferência.
5. Quais são as diferenças básicas entre os games e os jogos que são comercializados para serem utilizados em celulares e mídias mais simples?

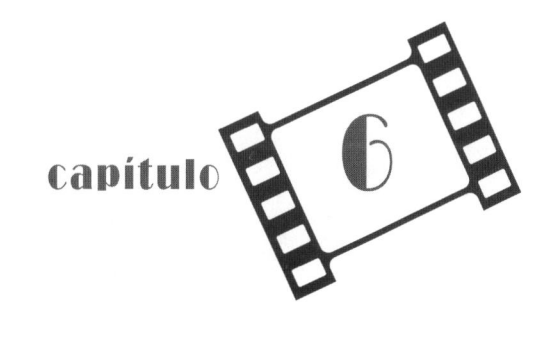

capítulo 6

Considerações finais

As formas de entretenimento evoluíram significativamente no último século. Com o crescimento populacional e a industrialização, houve o aumento de poder aquisitivo e a necessidade de entreter e divertir.

A evolução das tecnologias provocou o desenvolvimento, de forma sinérgica, de dois segmentos de mercado – o de cinema e o de games. Em um segundo momento, esses dois setores se encontraram complementarmente, em face do desenvolvimento de novos conceitos derivados dos games, bem como da necessidade de a indústria de cinema ter uma fonte interessante de novas histórias e roteiros.

Essas evoluções foram fundamentais para acompanhar a mudança e o desenvolvimento dos mercados consumidores, em que as gerações Y e Z têm enorme destaque.

Para uma análise conclusiva (mas não definitiva), apresentam-se as cem maiores bilheterias da história do cinema.

Quadro 3   As 100 maiores bilheterias mundiais.

Filme	Bilheterias mundiais em milhões de dólares	Ano de produção	Origem do roteiro original
Avatar	2.782,3	2009	Próprio
Titanic	2.186,8	1997	Próprio
Os Vingadores	1.158,6	2012	Revista
Harry Porter e as Relíquias da Morte 2	1.341,5	2011	Livro
Homem de Ferro 3	1.215,4	2013	Revista
Transformers: O Lado Oculto da Lua	1.123,8	2011	Brinquedo
O Senhor dos Anéis: O Retorno do Rei	1.119,9	2003	Livro
Operação Skyfall	1.108,6	2012	Livro
Batman – O Cavaleiro das Trevas Ressurge	1.084,4	2012	Revista
Piratas do Caribe	1.066,2	2006	Próprio
Toy Story 3	1.063,2	2010	Próprio
Piratas do Caribe: Navegando em Águas Misteriosas	1.045,7	2011	Próprio

Filme	Bilheterias mundiais em milhões de dólares	Ano de produção	Origem do roteiro original
Jurassic Park: Parque dos Dinossauros	1.029,2	1993	Livro
Star Wars Episódio 1 – A Ameaça Fantasma	1.027,0	1999	Próprio
Alice no País das Maravilhas	1.025,5	2010	Livro
O Hobbit – Uma Jornada Inesperada	1.017,0	2012	Livro
Batman – O Cavaleiro das Trevas	1.004,6	2008	Revista
O Rei Leão	987,5	1994	Próprio
Harry Porter e a Pedra Filosofal	974,8	2001	Livro
Piratas do Caribe: No Fim do Mundo	963,4	2007	Próprio
Harry Porter e as Relíquias da Morte 1	960,3	2010	Livro
Harry Porter e a Ordem da Fênix	939,9	2007	Livro
Procurando Nemo	936,7	2003	Próprio
Harry Porter e o Enigma do Príncipe	934,4	2009	Livro
O Senhor dos Anéis: As Duas Torres	926,0	2002	Livro
Shrek 2	919,8	2004	Próprio
Meu Malvado Favorito 2	918,5	2013	Próprio
Harry Porter e o Cálice de Fogo	896,8	2005	Livro
O Homem-Aranha 3	890,9	2007	Revista
A Era do Gelo: Amanhecer dos Dinossauros	886,7	2009	Próprio
Harry Porter e a Câmara Secreta	879,0	2002	Livro
A Era do Gelo 4	877,2	2012	Próprio
O Senhor dos Anéis: A Sociedade do Anel	871,5	2001	Livro
Star Wars 3: A Vingança dos Sith	848,8	2005	Livro
Transformers: A Vingança dos Derrotados	836,3	2009	Brinquedos
Crepúsculo: Amanhecer 2	829,7	2012	Livro
A Origem	825,5	2010	Próprio
O Homem-Aranha	821,7	2002	Revista
Independence Day	817,4	1996	Próprio
Shrek Terceiro	799,0	2007	Próprio
Harry Porter e o Prisioneiro de Azkaban	796,7	2004	Livro
E.T. – O Extraterrestre	729,9	1982	Próprio
Velozes e Furiosos 6	788,7	2013	Próprio
Indiana Jones e o Reino da Caveira de Cristal	786,6	2008	Próprio

Filme	Bilheterias mundiais em milhões de dólares	Ano de produção	Origem do roteiro original
O Homem-Aranha 2	783,8	2004	Revista
Star Wars	775,4	1977	Próprio
2012	769,7	2009	Próprio
Jogos Vorazes: Em Chamas	765,3	2013	Livro
O Código da Vinci	758,2	2006	Livro
Shrek para Sempre	752,6	2010	Próprio
O Espetacular Homem-Aranha	752,2	2012	Revista
Madagascar 3: Os Procurados	746,9	2012	Próprio
As Crônicas de Nárnia: O Leão, a Bruxa e o Guarda--Roupa	745,0	2005	Livro
Universidade Monstros	743,6	2013	Próprio
Matrix Reloaded	742,1	2003	Próprio
Up	731,3	2009	Próprio
Crepúsculo: Amanhecer 1	712,2	2011	Livro
Crepúsculo: Lua Nova	709,8	2009	Livro
Transformers	709,7	2007	Brinquedos
Crepúsculo: Eclipse	698,5	2010	Livro
Missão Impossível: O Protocolo Fantasma	694,7	2011	Seriado
Jogos Vorazes	691,2	2012	Livro
Forrest Gump – O Contador de Histórias	677,4	1994	Livro
O Sexto Sentido	672,8	1999	Próprio
Kung Fu Panda 2	665,7	2011	Próprio
O Homem de Aço	662,8	2013	Revista
A Era do Gelo 2: O Degelo	655,4	2006	Próprio
Piratas do Caribe: A Maldição do Pérola Negra	654,3	2003	Próprio
Gravidade	652,3	2013	Próprio
Star Wars: Episódio 2 – O Ataque dos Clones	649,4	2002	Próprio
Kung Fu Panda	631,7	2008	Próprio
Os Incríveis	631,4	2004	Próprio
Thor: O Mundo Sombrio	627,1	2013	Revista
Velozes e Furiosos 5: Operação Rio	626,1	2011	Próprio
Hancock	624,4	2008	Próprio

Filme	Bilheterias mundiais em milhões de dólares	Ano de produção	Origem do roteiro original
MIB – Homens de Preto 3	624,0	2012	Revista
O Homem de Ferro 2	623,9	2010	Revista
Ratatouille	623,9	2007	Próprio
Jurassic Park – Parque dos Dinossauros: O Mundo Perdido	618,6	1997	Livro
A Paixão de Cristo	611,9	2004	Próprio
Mamma Mia!	609,8	2008	Teatro
As Aventuras de PI	609,0	2012	Livro
Madagascar 2: A Grande Escapada	603,9	2008	Próprio
Cassino Royale	599,0	2006	Livro
Enrolados	591,8	2010	Próprio
A Guerra dos Mundos	591,7	2005	Livro
MIB – Homens de Preto	589,4	1997	Revista
Os Croods	587,2	2013	Próprio
Se Beber, Não Case 2	586,8	2011	Próprio
Quantum of Solace	586,1	2008	Livro
Eu Sou a Lenda	585,3	2007	Livro
O Homem de Ferro	585,2	2008	Revista
Uma Noite no Museu	574,5	2006	Próprio
Os Smurfs	563,7	2011	Desenho
Monstros S.A.	562,8	2001	Próprio
Carros 2	599,9	2011	Próprio
O Gato de Botas	555,0	2011	Livro
Armagedon	553,7	1998	Próprio
King Kong	550,5	2005	Próprio
Ted	549,4	2012	Próprio

Fonte: Adaptado de Box Office Mojo (2013). © IMDb.com, Inc ou suas afiliadas. Todos os direitos reservados. Box Office Mojo e IMDb são marcas registradas da IMDb.com, Inc ou suas afiliadas.

Nesta análise, consideramos somente os valores finais das bilheterias nos cinemas, sem a atualização da inflação no período e sem levar em consideração os valores de produção e investimento em marketing (uma vez que esses dados nem sempre estão disponíveis em fontes oficiais), nem tampouco os resultados artísticos obtidos a partir da adaptação – com exceção às referências ao Oscar de Melhor Filme.

Das cem maiores bilheterias mundiais, quarenta e oito tiveram roteiro próprio, trinta e três foram adaptações de livros; catorze de revistas; duas de brinquedos; uma de desenho; uma de seriado; uma de teatro – e nenhuma de game.

Embora em um primeiro momento possa parecer mais fácil adaptar um game para o cinema, não temos nenhum exemplo, até agora, de sucesso que se enquadre nessa categoria que tenha tido bilheteria em torno de 300 milhões de dólares. Já o teatro se constitui como uma forma mais diferenciada de formato e espetáculo e, assim, com menor possibilidade de gerar adaptações para o cinema, ocorrendo, entretanto, o inverso: filmes como o *Homem-Aranha* e *Shrek* foram das telas de cinema para o teatro. Telesséries também são importantes fontes de ideias e histórias, mas necessitam de investimento maior nos recursos, bem como melhor nas adaptações. Exemplos como *Missão Impossível* (entre as cem maiores bilheterias), bem como *Star Trek* e mesmo o primeiro longa-metragem de *Arquivo X* são bons exemplos de adaptações desse formato. Desenhos e brinquedos também são fontes inspiradoras.

Mas os livros são, ainda, as maiores fontes inspiradoras, embora as revistas, em especial as de super-heróis, tenham aumentado sua presença na última década. Como o roteiro é um dos mais importantes componentes de um filme, é natural a grande utilização do formato livro, sobretudo dos de sucesso, que geralmente refletem a sociedade e suas características. Entretanto, diante do crescente número de novas produções originadas de revistas, estas terão espaço ainda mais relevante na próxima década. Até *X-Men – O Filme*, filmes baseados em personagens de quadrinhos eram considerados moda passageira. Entretanto, com a solidificação das bilheterias do primeiro longa-metragem do *Homem de Ferro*, este filão passou a ser uma tendência que, inclusive, resultou na compra da Marvel pelos Estúdios Disney e na movimentação da DC Comics e da Vertigo para abocanharem uma fatia maior desse segmento rentável de mercado.

O que se pode concluir, finalmente, é que a indústria cinematográfica é um dos melhores negócios deste século, conforme já preconizaram especialistas. E o marketing, como um dos responsáveis pela comercialização de produtos, serviços e ideias, tem acompanhado sua evolução, bem como aprendendo continuamente com todos aqueles que acreditam na magia e sedução da sétima arte.

Como reflexão mercadológica final deste livro, pode-se dizer que o marketing faz-se necessário na indústria cinematográfica para tornar disponível democraticamente uma obra de conteúdo artístico a determinado público. Os conteúdos de ordem criativa são de responsabilidade total do diretor, produtor e equipe técnica, bem como do elenco envolvido. Em nenhum momento, o marketing restringe a ideia, muito pelo contrário, ele a expande de todas as formas.

Referências

20 Million Miles to Earth. Direção: Nathan Juran. EUA: Warner Home, 1957. Blu-ray (82 min), preto e branco.

47 Ronins. Direção: Carl Rinsch. EUA: Universal Pictures, 2013. DVD (118 min), color.

A BATALHA do Planeta dos Macacos. Direção: J. Lee Thompson. EUA: FOX/Sony Dadc, 1973. DVD (93 min), color.

ABRE los Ojos. Direção: Alejandro Amenábar. Espanha/França/Itália. Lions Gate, 1997. DVD (117 min), color.

A BRUXA de Blair. Direção: Daniel Myrick; Eduardo Sanchez. EUA: LW Microservice, 1999. DVD (81 min), color.

ACADEMY OF SCIENCE FICTION, FANTASY & HORROR FILMS. Disponível em: <http://www.saturnawards.org/>. Acesso em: 27 dez. 2013.

A CONQUISTA do Planeta dos Macacos. Direção: J. Lee Thompson. EUA: FOX AMZ, 1972. Blu-ray (88 min), color.

ADAMS, Ernest. *Fundamentals of Game Design*. 2 ed. Nova York: Pearson Education, 2010.

ADORO CINEMA. Filmes. Disponível em: <http://www.adorocinema.com/filmes/filme-27782/>. Acesso em: 5 jan. 2014.

A ERA do Gelo 4. Direção: Steve Martino; Mike Thurmeier. EUA: FOX/Sony dadc, 2012. Blu-ray (88 min), color.

À ESPERA de um Milagre. Direção: Frank Darabont. EUA: Warner Home AMZ, 1999. DVD (189 min), color.

A FAMÍLIA Addams. Direção: Barry Sonnenfeld. EUA: Continental DVD, 1991. DVD (99 min), color.

A HORA da Zona Morta. Direção: David Cronenberg. EUA: LW Microservice, 1983. DVD (103 min), color.

ALAN PARSONS PROJECT, THE. Games People Play. *Album The Turn of Friendly Card*. EUA: Sony Music. Selo Arista, 1980.

ALBAGLI, Fernando. *Tudo Sobre o Oscar*. Rio de Janeiro: Editora Brasil América Ltda. (EBAL), 1988.

ALONE in the Dark – O Despertar do Mal. Direção: Uwe Boll. Canadá/Alemanha/EUA: AITD Productions; Boll Kino Beteiligungs GmbH & Co. KG, 2005. DVD (96 min), color.

ALONE in the Dark 2 – O Retorno do Mal. Direção: Michael Roesch; Peter Scheerer. Alemanha: Flashstar Video, 2008. Blu-ray (87 min), color.

A MÁQUINA do Tempo. Direção: George Pal. EUA: George Pal Productions; Galaxy Films Inc., 1960. DVD (103 min), color.

A MÁQUINA do Tempo. Direção: Simon Wells. EUA: Warner Bros.; DreamWorks SKG, 2002. DVD (96 min), color.

AMOR sem Escalas. Direção: Jason Reitman. EUA: Paramount AMZ, 2009. Blu-ray (109 min), color.

A MORTE do Demônio – Uma Noite Alucinante. EUA, língua original: inglês. Sony Pictures, 1981. DVD (85 min), color.

ANASTASIOU, L. das G. C.; ALVES, L. P. *Processos de ensinagem na universidade*. Pressupostos para as estratégias de trabalho em aula. Santa Catarina: Univille, 2009.

ANCINE AGÊNCIA NACIONAL DE CINEMA. Disponível em: <http://www.ancine.gov.br/internacional/programas-apoio-exportacao/film-brazil>. Acesso em: 23 dez. 2013.

ANDERSON, John. Traga seu filme aqui e depois corra. Montenegro, Peru e Equador investiram pesado para passarem de candidatos aspirantes à categoria de concorrentes de fato. Trad. Terezinha Martino do *The New York Times*. Caderno 2, Suplemento do jornal *O Estado de S. Paulo*, 7 jan. 2014, p. 5.

ANDREW, J. Dudley. *As Principais Teorias do Cinema*. Rio de Janeiro: Zahar, 2002.

ANIMATRIX. Direção: Peter Chung, Andrew R. Jones, Yoshiaki Kawajiri, Takeshi Koike, Mahiro Maeda. EUA: Warner Brothers; DNA; Mad House, 2003. DVD (102 min), color.

ANJOS da Lei. Direção: Phil Lord. EUA: Sony Pictures AMZ, 2012. DVD (109 min), color.

APOCALYPSE Now. Direção: Francis Ford Coppola. EUA: Universal AMZ, 1979. Blu-ray (153 min), color.

AREN, Keith (Dir.). *Call of Duty*. Videogame. EUA, língua original: alemão/inglês. ActiVision, 2003.

A REVOLUÇÃO dos Bichos. Direção: Joy Batchelor; John Halas. Reino Unido: Home Vision Entertainment, 1954. DVD (72 min), color.

ARQUIVO X – Eu Quero Acreditar. Direção: Chris Carter. EUA/Canadá: FOX/Sony Dadc, 2008. DVD (104 min), color.

ARQUIVO X – O FILME. Direção: Rob Bowman. EUA: FOX; Sony Dadc, 1998. DVD (121 min), color.

AS AVENTURAS de PI. Direção: Ang Lee. EUA/Taiwan/ReinoUnido: FOX/Sony Dadc, 2012. Blu-ray (127 min), color.

AS AVENTURAS de Tintin. Direção: Steven Spielberg. EUA/Nova Zelândia: Paramount, 2011. Blu-ray (107 min), color.

AS CRÔNICAS de Nárnia: o Leão, a Feiticeira e o Guarda-Roupa. Direção: Andrew Adamson. EUA: Buena Vista Sonopres, 2005. DVD (143 min), color.

A SOMA de Todos os Medos. Direção: Phil Alden Robinson. EUA/Alemanha: Paramount AMZ, 2002. Blu-ray (124 min), color.

ASSASSINATO no Expresso do Oriente. Direção: Sidney Lumet. Reino Unido: Universal AMZ, 1974. DVD (128 min), color.

AVATAR. Direção: James Cameron. EUA: FOX/Sony Dadc, 2009. Blu-ray (162 min), color.

A VOLTA do Planeta dos Macacos. Direção: Ted Post. EUA: FOX AMZ, 1970. DVD (95 min), color.

BAFTA AWARDS. Disponível em: < http://www.bafta.org/>. Acesso em: 26 dez. 2013.

BAPTISTA, Mauro; MASCARELLO, Fernando (Orgs.). *Cinema Mundial Contemporâneo*. São Paulo: Papirus, 2008.

BATEMAN, Chris (Ed.). *Game Writing*. Narrative Skills for Videogames. Boston: Cengage, 2007.

BATMAN Begins. Direção: Christopher Nolan. EUA, língua original: português. Warner Home AMZ, 2005. DVD (140 min), color.

BATMAN – O Cavaleiro das Trevas. Direção: Christopher Nolan.. EUA/Reino Unido, língua original: inglês/mandarim. Warner Home AMZ, 2008. DVD (152 min), color.

BATMAN – O Cavaleiro das Trevas Ressurge. Direção: Christopher Nolan. EUA/Reino Unido: Warner Home AMZ, 2012. Blu-ray (165 min), color.

BATTLESHIP. Direção: Direção: Peter Berg. EUA: Universal AMZ, 2012. Blu-ray (131 min), color.

BELEZA Americana. Direção: Sam Mendes. EUA: Paramount AMZ, 1999. Blu-ray (122 min), color.

BFI LONDON FILM FESTIVAL. Disponível em: <http://www.bfi.org.uk/lff>. Acesso em: 27 dez. 2013.

BLOODRAYNE. Direção: Uwe Boll. EUA/Alemanha: Flashstar Video, 2005. DVD (95 min), color.

BLOODRAYNE 2 – A Libertação. Direção: Uwe Boll Canadá/Alemanha: Flashstar Video, 2007. DVD (99 min), color.

BLOODRAYNE 3 – O Terceiro Reich. Direção: Uwe Boll. EUA/Canadá/Alemanha: FOCUS/ Flashstar Sony, 2011. Blu-ray (79 min), color.

BOX OFFICE MOJO. Disponível em: <http://www.boxofficemojo.com/>. Acesso em: 25 jan. 2014.

BOX OFFICE MOJO. All Time Box Office. Disponível em: <http://boxofficemojo.com/alltime/ world/>. Acesso em: 23 dez 2013.

BRAUND, Simon. *The Greatest Movies You'll Never See*. London: Aurum Press ltd, 2013.

CAÇADA ao Outubro Vermelho. Direção: John McTiernan. EUA: Paramount AMZ, 1990. DVD (134 min), color.

CAPITÃO América. Direção: Albert Pyun. EUA/Iugoslávia: MGM, 1990. DVD (97 min), color.

CAPODAGLI, Bill; JACKSON, Lynn. *O Estilo Disney*. São Paulo: Makron, 2000.

CARNEIRO, Henrique. *Comida e Sociedade* – Uma História da Alimentação. Rio de Janeiro: Campus, 2003.

CARRIE – A Estranha. Direção: Brian de Palma. EUA: FOX/Sony Dadc, 1976. DVD (98 min), color.

CEMITÉRIO Maldito. Direção: Mary Lambert. EUA: Paramount AMZ, 1989. Blu-ray (103 min), color.

CÉSAR Deve Morrer. Direção: Paolo Taviani; Vittorio Taviani. Itália: Europa Filmes, 2012. DVD (76 min), color.

CHAMAS da Vingança. Direção: Mark L. Lester. EUA: FOX/Sony Dadc, 1984. DVD (114 min), color.

CHRISTINE – O Carro Assassino. Direção: John Carpenter. EUA: Sony Pictures Home Entertainment, 1983. DVD (110 min), color.

CINEMASCORE. Hollywood's Beachmark™. Disponível em: <http://www.cinemascore.com>. Acesso em: 10 fev. 2014.

CÍRCULO de Fogo. Direção: Guilhermo Del Toro. EUA: Warner Home AMZ, 2013. DVD (132 min), color.

CLÁSSICOS DO CINEMA, OS. *Ladrões de Bicicleta*. Barcelona: Ediciones Altaya S.A., 1997.

CLÁSSICOS DO CINEMA, OS. *O Morro dos Ventos Uivantes*. Barcelona: Ediciones Altaya S.A., 1997.

COCKTAIL. Direção: Roger Donaldson. EUA: Buena Vista Sonopres, 1988. Blu-ray (104 min), color.

COLD Mountain. Direção: Anthony Minghella. EUA/ReinoUnido: Imagem Filmes, 2003. DVD (154 min), color.

COLHEITA Maldita. Direção: Fritz Kiersch. EUA: Focus/Flashstar Sony; 1984. Blu-ray (92 min), color.

COMIC-CON INTERNATIONAL: SAN DIEGO. Disponível em: < http://www.comic-con. org/>. Acesso em: 11 jan. 2014.

CONSTANTINE. Direção: Francis Lawrence. EUA/Alemanha: Warner Home AMZ, 2005. Blu-ray (121 min), color.

CONTA Comigo. Direção: Rob Reiner. EUA: Sony Pictures, 1986. Blu-ray (89 min), color.

CREEPSHOW – Show de Horrores. Direção: George A. Romero. EUA: Continental, 1982. DVD (120 min), color.

CREEPSHOW 2. Direção: Michael Gornick. EUA: Continental, 1987. DVD (92 min), color.

CUJO. Direção: Teague Lewis. EUA: Lions Gate, 1983. Blu-ray (93 min), color.

DARK HORSE COMICS. Disponível em: < http://www.darkhorse.com/>. Acesso em: 24 jan. 2014.

D. C.COMICS. Disponível em: < http://www.dccomics.com/tags/death-of-the-family>. Acesso em: 24 jan. 2014.

DELIVERANCE. Direção: John Boorman.. EUA: Warner Home, 1972. Blu-ray (110 min), color.

DI CAVALCANTI. Direção: Glauber Rocha. Documentário. Brasil: 1977 (18 min), color.

DICKEN, P. *Mudança Global. Mapeando as Novas Fronteiras da Economia Global*. Porto Alegre: Bookman, 2010.

DISNEY. Home Page Category Player. Disponível em: <http://www.disney.pt>. Acesso em: 4 mar. 2014.

DOA – Vivo ou Morto. Direção: Corey Yuen. EUA/Alemanha/Reino Unido: Weinstein Company, 2006. DVD (87 min), color.

DOGVILLE. Direção: Lars Von Trier. Dinamarca: Califórnia Filmes, 2003. DVD (178 min), color.

DOOM: A Porta do Inferno. Direção: Andrzej Bartkowiak. Reino Unido/República Tcheca/Alemanha/EUA: Universal Int., 2005. Blu-ray (105 min), color.

DUNGEONS and Dragons. Direção: Courtney Solomon. EUA: New Line, 2000. DVD (107 min), color.

ECLIPSE Total. Direção: Taylor Hackford. EUA: Warner Home AMZ, 1995. DVD (111 min), color.

EDUARDO, Cléber; CAVALLARI, Marcelo Musa. A vingança como missão. Em Munque, Steven Spielberg traça uma fronteira entre a ética judaica e a política de Israel. *Revista Época*, 2005. Disponível em: <http://revistaepoca.globo.com/Revista/Epoca/0,,EDR72945-6011,00. html>. Acesso em: 22 fev. 2014.

EWALD FILHO, Rubens. *O Oscar e Eu*. São Paulo: Companhia Editora Nacional, 2003.

EM NOME do Rei. Direção: Uwe Boll. Alemanha/Canadá/EUA: FOCUS; Flashstar; Sony, 2007. Blu-ray (127 min), color.

EM NOME do Rei 2. Direção: Uwe Boll. EUA: Flashstar Video, 2011. Blu-ray (96 min), color.

ENDURO. Videogame. EUA, 1983.

E O VENTO Levou. Direção: Victor Fleming. 1939. EUA: Warner Home AMZ, 2009. Blu-ray Edição do 70° aniversário (238 min), preto e branco.

EM NOME do Pai. Direção: Jim Sheridan. Irlanda/Reino Unido/EUA: Universal AMZ, 1994. Blu-ray (133 min), color.

ET – O Extraterrestre. Direção: Steven Spielberg. EUA: Universal AMZ, 1982. DVD (115 min), color.

EU Sei que Vou te Amar. Direção: Arnaldo Jabor. Brasil: Versatil Home Video, 1986. DVD (110 min), color.

FAMILIA Soprano. (Série de TV). EUA: Warner Home AMZ, 1999-2007. 28 DVD.

FANGORIA. Home. Disponível em: <http://www.fangoria.com/>. Acesso em: 28 fev. 2014.

FESTIVAL DE BERLIM. Disponível em: <http://www.berlinale.de/en/HomePage.html>. Acesso em: 18 dez. 2013.

FESTIVAL DE CANNES. Disponível em: <http://www.festival-cannes.fr/en.html>. Acesso em: 18 dez. 2013.

FUGA do Planeta dos Macacos. Direção: Don Taylor. EUA: FOX/Sony Dadc, 1971. DVD (98 min), color.

GAME of Thrones. Produção: David Benioff. EUA: Warnes Home AMZ, 2011. Blu-ray, color.

GAME OF THRONES. (Série de TV). Criador: David Benioff e D. B. Weiss. EUA/Reino Unido: HBO. 2011-.

GODZILLA. Direção: Roland Emmerich. EUA: Sony Pictures, 1998. DVD (139 min), color.

GREYSTOKE – A Lenda de Tarzan, o Rei das Selvas. Direção: Hugh Hudson. Reino Unido/ EUA: Warner Home AMZ, 1984. DVD (135 min), color.

GUERRA dos Mundos. Direção: Steven Spielberg. EUA: Paramount AMZ, 2005. Blu-ray (116 min), color.

GUERRA Mundial Z. Direção: Marc Forster. EUA: Paramount AMZ, 2013. DVD (116 min), color.

GWOEMUL. Direção: Joon Ho Bong. Coreia do Sul: Showbox Entertainment, Chungeorahm Film, 2006. DVD (119 min), color.

HARRISON, Harry. *Make Room! Make Room!* Reino Unido: St Martins Press, 2008.

HAYASHIDA, Koichi (Dir.). *Super Mario Bros. 3D Rando.* Videogame. EUA/Japão, língua original: inglês. Nintendo, Brownie Brown, 2011.

HEAVEN'S Gate. Direção: Michael Cimino. EUA: MGM Home DVD, 1980. DVD (219 min), color.

HELLBOY. Direção: Guilhermo Del Toro. EUA: Sony Pictures, 2004. Blu-ray (122 min), color.

HELLBOY 2 – O Exército Dourado. Direção: Guilhermo Del Toro. EUA: Universal AMZ, 2009. Blu-ray (120 min), color.

HITMAN – Assassino 47. Direção: Xavier Gens. França/EUA: FOX AMZ, 2007. DVD (100 min), color.

HOLLYWOOD CREATIVE DIRECTORY STAFF. Hollywood Creative Directory, 57th. England: Watson-Guptill, 2006.

HOLLYWOOD REPORTER. Disponível em: <http://www.hollywoodreporter.com/category/topics-entities/company/amazoncom/imdb>. Acesso em: 25 jan.2014

HOMEM-Aranha. Direção: Sam Raimi. EUA: Sony Pictures, 2002. Blu-ray (121 min), color.

HOMEM-Aranha 2. Direção: Sam Raimi. EUA: Sony Pictures, 2004. Blu-ray (127 min), color.

HOMEM-Aranha 3. Direção: Sam Raimi. EUA: Sony Pictures AMZ, 2007. DVD (139 min), color.

HOMEM de Ferro. Direção: John Favreau. EUA: Buena Vista Sonopres, 2008. Blu-ray (126 min), color.

HULK. Direção: Ang Lee. EUA: Universal AMZ, 2003. DVD (138 min), color.

IMDB. Disponível em: < http://www.imdb.com/>. Acesso em: 14 jan. 2014.

INDEPENDENCE Day. Direção: Roland Emmerich. EUA: FOX/Sony Dadc, 1996. DVD (146 min), color.

INDIANA Jones: Os Caçadores da Arca Perdida. Direção: Steven Spielberg. EUA: Paramount AMZ, 1981. Blu-ray (115 min), color.

INVASORES. Direção: Oliver Hirschbiegel; James McTeigue. EUA/Austrália: Warner Home AMZ, 2007. DVD (99 min), color.

INVASORES de Corpos. Direção: Philip Kaufman. EUA: Classicline, 1978. DVD (115 min), color.

JAWS. Direção: Steven Spielberg. EUA: Universal, 1975. Anniversary Edition (2012). Blu-ray, DVD, Digital Copy.

JOÃO e Maria: Caçacores de Bruxas. Direção: Tommy Wirkola. EUA: Paramout AMZ, 2013. DVD (88 min), color.

JODAEIYE Nader az Simin. Direção: Asghar Farhadi. Irã: Imovision Tag, 2011. DVD (123 min), color.

JOGOS Patrióticos. Direção: Philip Noyce. EUA: Paramount AMZ, 1992. Blu-ray (117 min), color.

JOGOS Vorazes. Direção: Gary Ross. EUA: Paris Filmes LK Tel, 2012. Blu-ray (142 min), color.

JOHN Carter. Direção: Andrew Stanton. EUA: Disney, 2012. Blu-ray (132 min), color.

JORNADA nas Estrelas. Criação: Gene Roddenberry. EUA: Desilu Productions; Norway Corporation; Paramount Television, 1966-1969.

JULIE & Julia. Direção: Nora Ephron. EUA: Sony Pictures, 2009. Blu-ray (123 min), color.

JURASSIC Park: Parque dos Dinossauros. Direção: Steven Spielberg. EUA: Sony Pictures AMZ, 1993. DVD (127 min), color.

JURASSIC Park: The Lost World (Parque dos Dinossauros: O Mundo Perdido). Direção: Steven Spielberg. EUA: Sony Pictures AMZ, 1997. DVD (129 min), color.

JURASSIC Park – Trilogia. Direção: Steven Spielberg. EUA: Universal, 2013. Edição de Colecionador. Blu-ray.

KATE BUSH. *Album The Kick Inside*. EMI Music/EMI Records, 1978.

KELLISON, Cathrine. *Produção e Direção para Tv e Vídeo*. Uma Abordagem Prática. Rio de Janeiro: Campus, 2007.

KILL Bill – Volume 1. Direção: Quentin Tarantino. EUA: Imagem Filmes, 2003. Blu-ray (111 min), color.

KING Kong. Direção: John Guilhermin. EUA: Focus/Flashstar Novo, 1976. DVD (134 min), color.

KING, Stephen. *Duma Key.* Trad. Fabiano Morais. Rio de Janeiro: Ponto de Leitura, 2014.

———. The Official Web Site. Disponível em: <http://www.stephenking.com/index.html>. Acesso em: 01 dez. 2013.

———. *O Apanhador de Sonhos.* Trad. José Arantes. Rio de Janeiro: Suma de Letras Brasil, 2013.

———. *Carrie: A Estranha.* Trad. Adalgisa C. Silva. Rio de Janeiro: Suma de Letras Brasil, 2013.

———. *Christine.* Trad. Louisa Ibanez. Rio de Janeira: Suma de Letras Brasil, 2013.

———. *A Dança da Morte.* Trad. Gilson Rodrigues. Rio de Janeiro: Suma de Letras Brasil, 2013.

———. *Doctor Sleep.* Londres: Scribner Books, 2013. (em inglês)

———. *Desespero.* Trad. Marcos Santarrita. Rio de Janeiro: Suma de Letras Brasil, 2013.

———. *À Espera de um Milagre.* Trad. M. H. C. Cortes. Rio de Janeiro: Suma de Letras Brasil, 2013.

———. *Joyland.* [s.e.]: Hard Case Crime, 2013. (em inglês)

———. *Novembro de 63.* Trad. Beatriz Medina. Rio de Janeiro: Suma de Letras Brasil, 2013.

———. *Os Olhos do Dragão.* Trad. João Guilherme Linke. Rio de Janeiro: Suma de Letras Brasil, 2013.

———. *Rose Madder.* Trad. Myryan Campello. Rio de Janeiro: Suma de Letras Brasil, 2013.

———. *O Iluminado.* Trad. Betty Albuquerque. Rio de Janeiro: Suma de Letras Brasil, 2012.

———. *A Maldição.* Trad. Louisa Ibanez. Rio de Janeiro: Suma de Letras Brasil, 2012.

———. *Saco de Ossos.* Trad. Myrian Campello. Rio de Janeiro: Suma de Letras Brasil, 2012.

———. *Sob a Redoma.* Trad. Maria Beatriz de Medina. Rio de Janeiro: Suma de Letras Brasil, 2012.

———. *Misery.* Londres: Hoder and Stoughton, 2011. (em inglês)

———. *Salen's Lot.* Londres: Randon House, 2011. (em inglês)

———. *Blockade Billy.* Londres: Simon and Schuster, 2010. (em inglês)

———. *Dolores Claiborne.* Londres: Hoder and Stoughton, 2009. (em inglês)

———. *From a Buick 8.* Londres: Hoder and Stoughton, 2009. (em inglês)

———. *Riding the Bullet.* Forest Hill: Lonely Road Books, 2009. (em inglês)

———. *Love: A História de Lisey.* Trad. Fabiano Morais. Rio de Janeiro: Objetiva, 2008.

———. *A Zona Morta.* Rio de Janeiro: Objetiva, 2008.

———. *Celular.* Rio de Janeiro: Objetiva, 2007.

———. *Insomnia.* Espanha: Randon House Espanha, 2006. (em espanhol)

———. *Pet Sematary.* Pocket Books, 2001. (em inglês)

———. *The Girl Who Loved Tom Gordon.* Pocket Books, 2000. (em inglês)

———. *Storm of the Century.* Pocket Books, 1999. (em inglês)

———. *Gerald's Game.* [New York]: Signet, 1993. (em inglês)

———. *The Tommyknockers.* [New York]: Signet, 1993. (em inglês)

———. *Needful Things.* [New York]: Signet, 1992. (em inglês)

———. *The Dark Half.* [New York]: Signet, 1990. (em inglês)

———. *It.* Nova York: Signet, 1990. (em inglês)

———. *Cycle of the Werewolf.* Nova York: Signet, 1985. (em inglês)

———. *A Incendiária.* Portugal: Livros de Portugal, 1985.

———. *Cujo.* Espanha: Randon Hause: Espanha, 1982. (em espanhol)

KING, Stephen; STRAUB, Peter. *A Casa Negra.* Trad. Adalgisa C. Silva. Rio de Janeiro: Suma de Letras Brasil, 2013.

KING, Stephen; ———. *Talismã.* Trad. Mario Molina. Rio de Janeiro: Suma de Letras Brasil, 2013.

KING, Stephen; DEMUNN, Jeffrey. *The Colorado Kid*. Audio-book. Londres: Simon and Schuster, 2008. (em inglês)

KIRN, Walter. *Amor Sem Escalas*. Trad. Gabriel Zide Neto. Rio de Janeiro: Record, 2010.

KUAZAQUI, Edmir. *Marketing Internacional*: Desenvolvendo Conhecimentos e Competências em Cenários Globais. São Paulo: M. Books, 2007.

_____. O casamento da indústria cinematográfica com o marketing internacional. *Revista da ESPM*. Ano 20, ed. 91, n. 1, jan.-fev. 2014, p. 112-117.

LADRÕES de Bicicleta. Direção: Vittorio de Sicca. Itália: Versátil Home Vídeo, 1948. DVD (93 min), preto e branco.

LAMPIÃO: O Rei do Cangaço. Direção: Carlos Coimbra. Brasil: Cinematográfica F.J; Lucas Netto Ltda., 1964. DVD (100 min), color.

LANTERNA Verde. Direção: Martin Campbell. EUA: Warner Home AMZ, 2011. Blu-ray (114 min), color.

LARA Croft – Tomb Raider. Direção: Simon West. EUA/Reino Unido/Japão/Alemanha: Paramount AMZ, 2001. Blu-ray (100 min), color.

LA TIMES. Movies. *Entertainment*. Disponível em: <http://www.latimes.com/entertainment/movies/>. Acesso em: 28 fev. 2014.

LEMBRANÇAS de um Verão. Direção: Scott Hicks. EUA: Warner Home AMZ, 2001. DVD (101 min), color.

LEOPARDO. *Um pouco de história da Hemus*. Disponível em: <http://www.leopardoeditora.com.br/>. Acesso em: 23 fev. 2014.

LINCOLN. Direção: Steven Spielberg. EUA: FOX/Sony Dadc, 2012. Blu-ray (150 min), color.

MADAGASCAR 3: Os Procurados. Direção: Eric Darnell; Tom McGrath. EUA: Paramount AMZ, 2012. DVD (93 min), color.

MAGNOLIA. Direção: Paul Thomas Anderson. EUA: New Line, 1999. Blu-ray (188 min), color.

MARVEL STORE. Disponível em: <http://www.marvelstore.com/?CMP=KNC-DSPMStore-BrandGoogle&s_kwcid=TC%7c22113%7cmarvel%7c%7cS%7cb%7c31263756471>. Acesso em: 24 jan. 2014.

MATRIX. Direção: Andy Wachowski; Larry Wachowski. EUA: Warner Home AMZ, 1999. DVD (136 min), color.

MATRIX Reloaded. Direção: Andy Wachowski; Larry Wachowski. EUA: Warner Home AMZ, 2002. DVD (138 min), color.

MATRIX Revolutions. Direção: Andy Wachowski; Larry Wachowski. EUA: Warner Home AMZ, 2003. Blu-ray (129 min), color.

MAX Payne. Direção: John Moore. EUA/Canadá: FOX/Sony Dadc, 2008. DVD (100 min), color.

MDIC. Comércio de serviços: informações gerais, exportação e como notificar barreiras. Disponível em: <http://www.desenvolvimento.gov.br/arquivo/secex/bartecnicas/barservicos/cartilhaservicos.pdf>. Acesso em: 23 dez. 2013.

_____. Secretaria de Comércio e Serviços. Fórum permanente das microempresas e pequenas de pequeno porte. Mecanismos de apoio às exportações de bens e serviços pelas micro e pequenas empresas brasileiras. Disponível em: <http://www.sebrae.com.br/customizado/acesso-a-mercados/venda-melhor/comercio-exterior-1/exportacao-na-pratica/dwnl_1292325675.pdf>. Acesso em: 23 dez. 2013.

MEIA-NOITE em Paris. Direção: Woody Allen. Espanha/UEA: Paris Filmes-Alliance, 2011. Blu-ray (94 min), color.

MELHORES JOGOS DO MUNDO, OS. São Paulo: Editora Abril, [s.d].

MEOW. Direção: Marcos Magalhães. Curta-metragem de animação. Brasil: Embrafilme, 1982. 35 mm (8 min), color.

MIDNIGHT Cowboy. Direção: John Schlesinger. EUA: FOX/Sony Dadc, 1969. DVD (113 min), color.

MISSÃO Impossível. Direção: Brian de Palma. EUA: Paramount AMZ, 1996. DVD (110 min), color.

MISSÃO Impossível – Protocolo Fantasma. Direção: Bird Brad. EUA: Paramount AMZ, 2011. DVD (133 min), color.

MISSÃO Impossível 2. Direção: John Woo. EUA: Paramount AMZ, 2000. DVD (123 min), color.

MISSÃO Impossível 3. Direção: J. J. Abrahms. EUA: Paramount AMZ, 2008. DVD (126 min), color.

MIYAMOTO Musashi. Direção: Kenji Mizoguchi. Japão: Shichiku Eiga, 1944. DVD (53 min), preto e branco.

MORAN, José Manuel. *Novas Tecnologias e Mediação Pedagógica*. São Paulo: Papirus, 2009.

MORTAL Kombat. Direção: Paul W. S. Anderson. EUA: New Line, 1995. Blu-ray (101 min), color.

MORTAL Kombat: A Aniquilação. Direção: John R. Leonetti. EUA: PlayArte, 1997. DVD (95 min), color.

MORTAL Kombat: Defensores do Reino. Animação. EUA: inglês. Film Roman Productions; New Line Television, 1995-.

MORTAL Kombat: Legacy. Série de TV. EUA/Canadá: inglês. Contradiction Films, Goldtooth Creative; NetherRealm Studios, 2011-.

MORTAL Kombat: Rebirth. Direção: Kevin Tancharoen. Curta-metragem. EUA, 2010.

MORTE Sobre o Nilo. Direção: John Guillermin. Reino Unido: Universal AMZ, 1978. DVD (140 min), color.

MUNIQUE. Direção: Steven Spielberg. EUA/Canadá/França: Paramount AMZ, 2005. DVD (164 min), color.

NINFOMANÍACA – Parte 1. Direção: Lars Von Trier. Dinamarca: Califórnia Filmes, 2013. DVD (117 min), color.

NINFOMANÍACA – Parte 2. Direção: Lars Von Trier. Dinamarca: Califórnia Filmes, 2014. DVD (123 min), color.

O APANHADOR de Sonhos. Direção: Lawrence Kasdan. EUA: Warner Home AMZ, 2003. DVD (136 min), color.

OBLIVION. Direção: Joseph Kosinski. EUA: Universal AMZ, 2013. DVD (124 min), color.

O CANGACEIRO. Direção: Lima Barreto. Brasil: Versátil Home Video, 1953. DVD (105 min), preto e branco.

O COMBOIO do Terror. Direção: Stephen King. EUA: Imagem Filmes, 1986. DVD (97 min), color.

O DIA em que a Terra Parou. Direção: Robert Wise. EUA: Fox AMZ, 1951. Blu-ray (92 min), preto e branco.

O DIA em que a Terra Parou. Direção: Scott Derrickson. EUA/Canadá: FOX/Sony Dadc, 2008. DVD (104 min), color.

O DISCURSO do Rei. Direção: Tom Hopper. Reino Unido/EUA/Austrália: Paris Filmes-Aliance, 2010. Blu-ray (118 min), color.

O DRAGÃO da Maldade Contra o Santo Guerreiro.1969. Direção: Glauber Rocha. Brasil/ França/Alemanha: Versatil Home Video. 1969. 2 DVD.

O ENIGMA de Andrômeda. Direção: Robert Wise. EUA: Universal AMZ, 1971. DVD (131 min), color.

O ENIGMA de Andrômeda. (Minissérie). EUA: A.S. Films, Scott Free Productions, 2008.

O EXÓTICO Hotel Marigold. Direção: John Madden. Reino Unido/EUA: FOX/Sony Dadc, 2011. DVD (124 min), color.

O HOBBIT: A Desolação de Smaug. Direção: Peter Jackson. EUA/Nova Zelândia: Warner Bros., 2013. Blu-ray (161 min), color.

O HOBBIT: Uma Jornada Inesperada. Direção: Peter Jackson. EUA/Nova Zelândia: Warner Bros., 2012. Blu-ray (169 min), color.

O HOMEM de Aço. Direção: Zach Snyder. EUA/Canadá/Reino Unido: Warner Home AMZ, 2013. DVD (143 min), color.

O ILUMINADO. Direção: Stanley Kubrick. EUA: Warner Home AMZ, 1980. Blu-ray (144 min), color.

O NEVOEIRO. Direção: Frank Darabont. EUA: Paris Filmes LK Tel, 2007. Blu-ray (126 min), color.

O MÁSKARA. Direção: Chuck Russell. EUA: Warner Home AMZ, 1994. DVD (101 min), color.

OMELETE. Disponível em: <http://omelete.uol.com.br/cinema/icold-mountaini/#.UslYLt-GA1LM>. Acesso em: 5 jan. 2014.

O MORRO dos Ventos Uivantes. Direção: Willian Wyler. EUA: Continental DVDs, 1939. DVD (104 min), preto e branco.

O PAGADOR de Promessas. Direção: Anselmo Duarte. Brasil: Globo Video, 1962. VHS (98 min), preto e branco.

O PLANETA dos Macacos. Direção: Tim Burton. EUA: FOX/Sony Dadc, 2001. DVD (119 min), color.

O PODEROSO Chefão. Direção: Francis Ford Coppola. EUA: Paramount AMZ, 1972. Blu-ray (175 min), color.

O QUINTO Poder. Direção: Bill Condon. EUA/Bélgica: DreamWorks SKG; Reliance Entertainment, 2013. DVD (128 min), color.

O REI Leão. Direção: Rob Minkoff; Roger Allers. EUA: Buena Vista Sonopres, 1994. DVD (89 min), color.

ORFEU Negro. Direção: Marcel Camus. Brasil: Continental DVDs, 1959. DVD (100 min), preto e branco.

ORWELL, George. *A Revolução dos Bichos*. São Paulo: Abril Cultural, 1982.

O Senhor dos Aneis: As Duas Torres. Direção: Peter Jackson. EUA/Nova Zelândia: Warner Home AMZ, 2002. Blu-ray (179 min), color.

O SENHOR dos Anéis. A Sociedade do Anel. Direção: Peter Jackson. Nova Zelândia/EUA: Warner Home AMZ, 2001. Blu-ray (178 min), color.

O SENHOR dos Aneis: O Retorno do Rei. Direção: Peter Jackson. EUA/Nova Zelândia: Warner Bros., 2003. Blu-ray (201 min), color.

OS SETE Samurais. Direação: Akira Kurosawa. Japão: Europa Filmes, 1954. DVD (207 min), preto e branco.

OS MISERÁVEIS. Direção: Bille August. Reino Unido/Alemanha/EUA: Sony Pictures AMZ, 1998. DVD (134 min), color.

OS MISERÁVEIS. Direção: Tom Hopper. EUA, língua original: inglês. Universal AMZ, 2012. Blu-ray (158 min), color.

O SOMBRA. Direção: Russell Mulcahy. EUA: Universal AMZ, 1994. DVD (108 min), color.

OS TRÊS Patetas. Direção: Bobby Farrelly; Peter Farrelly. EUA: FOX/Sony, 2012. DVD (92 min), color.

OS VINGADORES. Direção: Joss Whedon. EUA: Buena Vista Sonopres, 2012. Blu-ray (143 min), color.

O TERMINAL. Direção: Steven Spielberg. EUA: Paramount AMZ, 2004. DVD (128 min), color.

O TIGRE e o Dragão. Direção: Ang Lee. Taiwan/Hong Kong/EUA/China: Sony Pictures, 2000. Blu-ray (120 min), color.

OUTER Limits. Direção: John Vogel. Série. EUA: MGM Home DVD, 1963-1965. 7 DVD.

O VINGADOR. Direção: René Clair. EUA: Classicline DVD,1945. DVD (97 min), preto e branco. Título original: And Then There are None.

PAC-MAN. Videogame. EUA. Atari, 1982.

PEACOCK, Simon; WYATT, Amanda (Dir.). *Assassin's Creed*. Videogame. Canadá, língua original: inglês/francês/alemão. Ubisoft Montreal Studios, 2007.

PERCY Jackson e o Ladrão de Raios. Direção: Chris Columbus. EUA: FOX/Sony Dadc, 2010. DVD (118 min), color.

PERCY Jackson e o Mar de Monstros. Direção: Thor Freudenthal. EUA: FOX/Sony Dadc 2013. DVD (106 min), color.

PERIGO Real e Imediato. Direção: Philip Noyce. EUA: Paramount AMZ, 1994. Blu-ray (141 min), color.

PLANETA dos Macacos. Direção: Franklin J. Schaffner. EUA: FOX AMZ, 1968. Blu-ray (223 min), color.

PLANETA dos Macacos: A Origem. Direção: Rupert Wyatt. EUA: FOX AMZ, 2011. DVD (105 min), color.

PLANETA dos Macacos: O Confronto. Direção: Matt Reeves. EUA, 2014. DVD (130 min), color.

PORTAL CINEMA. Revista *Premiere* fecha as portas. Disponível em: <http://www.portal-cinema.com/2012/01/revista-premiere-fecha-portas.html>. Acesso em: 27 fev. 2014.

PREMIERE. Disponível em: <http://www.premiere.fr/>. Acesso em: 27 fev. 2014.

PRÍNCIPE da Pérsia – As Areias do Tempo. Direção: Mike Newell. EUA: Buena Vista Sonopres, 2010. Blu-ray (116 min), color.

QUARTETO Fantástico. Direção: Oley Sassone. Alemanha/EUA: New Horizons, Constantin Film Produktion, 1994. DVD (90 min), color.

QUEM Quer Ser um Milionário? Direção: Danny Boyle; Lovelee Tandan. Inglaterra/Índia: Europa Filmes, 2008. Blu-ray (120 min), color.

RASHOMON. Direção: Akira Kurosawa. Japão: Continental, 1950. DVD (88 min), preto e branco.

RED Sorghum. Direção: Yimou Zhang. China: Xi'an Film Studio, 1987. DVD (91 min), color.

RESIDENT Evil – O Hóspede Maldito. Direção: Paul W. S. Anderson. EUA: Sony Pictures, 2002. Blu-ray (100 min), color.

RESIDENT Evil 2 – Apocalipse. Direção: Alexander Witt. Alemanha/França/EUA: Sony Pictures, 2004. Blu-ray (94 min), color.

RESIDENT Evil 3 – A Extinção. Direção: Russell Mulcahy. França/Austrália/EUA: Sony Pictures. 2007. Blu-ray (94 min), color.

RESIDENT Evil 4 – Recomeço. Direção: Paul W. S. Anderson. Alemanha/França/ EUA: Sony Pictures, 2010. Blu-ray (97 min), color.

RESIDENT Evil 5 – Retribuição. Direção: Paul W. S. Anderson. Alemanha/Canadá/EUA: Sony Pictures, 2012. Blu-ray (96 min), color.

REVISTA CINEMIN. Editora Brasil América S/A (EBAL). Rio de Janeiro. 5 série, n.13, mar. 1985.

REVISTA DE CINEMA. Home. Disponível em: <http://revistadecinema.uol.com.br/index.php/sobre-a-revista/>. Acesso em: 29 dez. 2013.

REVISTA HERÓI. Home. Disponível em: < http://www.revistaheroi.com.br>. Acesso em: 3 mar. 2014.

REVISTA MONET. Os melhores filmes de todos os tempos. Rio de Janeiro: Editora Globo, abril de 2012.

_____. Home. Disponível em: <http://revistamonet.globo.com/>. Acesso em: 28 fev. 2014.

REVISTA SUPERINTERESSANTE. Os 101 Melhores filmes da história do cinema. As produções mais inteligentes, inovadoras e surpreendentes de todos os tempos. São Paulo: Editora Abril, ed. 2, jul. 2013.

REVISTA VEJA. O teste da realidade. São Paulo: Abril. Ano 46, n. 49, ed. 2350, p. 122-134.

RIO 2. Direção: Carlos Saldanha. EUA: Blue Sky Studios/Twentieth Century Fox Animation, 2014. Blu-ray (101 min), color.

ROBIN Hood – O Príncipe dos Ladrões. Direção: Kevin Reynolds. EUA: Warner Home AMZ, 1991. DVD (143 min), color.

ROBOCOP. Direção: José Padilha. EUA: Metro-Goldwyn-Mayer (MGM); Columbia Pictures, Strike Entertainment, 2014. DVD (117 min), color.

ROOS, Dave. Como funciona o marketing de cinema. Trad. HowStuffWorks Brasil. Disponível em: <http://lazer.hsw.uol.com.br/marketing-de-cinema2.htm>. Acesso em: 4 mar. 2014.

SCI-FI NEWS. Revista Digital. Disponível em: <http://www.scifinews.com.br>. Acesso em: 4 mar. 2014.

SCOTT, Kevin Conroy. *Lições de Roteiristas*. São Paulo: Editora Civilização Brasileira, 2005.

SILENT Hill – Revelação 3D. Michael Bassett. França/EUA/Canadá: Davis-Films/Konami, 2012. DVD (95 min), color.

SOLDADO Universal. Direção: Roland Emmerich. EUA: Universal AMZ, 1992. Blu-ray (102 min), color.

SOYLENT Green. Direção: Richard Fleischer. EUA: Metro-Goldwyn-Mayer (MGM), 1973. DVD (97 min). color.

STAR Trek. Direção: Gene Roddenberry. Série de TV. EUA: Paramount AMZ, 1973-1975. 21 DVD.

STAR Trek. Direção: J. J. Abrahms. EUA/Alemanha: Paramount AMZ, 2009. DVD (127 min), color.

STAR Wars. Direção: George Lucas. EUA: FOX AMZ, 1977. DVD (121 min), color.

STAR Wars – A Ameaça Fantasma. Direção: George Lucas. EUA: FOX/Sony Dadc, 1999. DVD (136 min), color.

STAR Wars – Ataque dos Clones. Direção: George Lucas. EUA: FOX/Sony Dadc, 2002. DVD (142 min), color.

STAR Wars – A Trilogia Clássica. Direção: George Lucas. EUA: FOX/Sony Dadc, 2013. DVD.

STAR Wars – A Vingança dos Sith. Direção: George Lucas. EUA: FOX/Sony Dadc, 2005. DVD (140 min), color.

STATEN, Joseph (Dir). *Halo*. Videogame. EUA, língua original: inglês. Gearbox Software, Bungie Software, 2001.

STREET Fighter: A Lenda de Chun-Li. Direção: Andrzej Bartkowiak. Canadá/Índia/EUA/Japão: FOX DVD, 2009. DVD (96 min), color.

STREET Fighter: A Última Batalha. Direção: Steven de Souza. EUA: 1994. Blu-ray (102 min), color.

SUNDANCE FILM FESTIVAL. SUNDANCE INSTITUTE. Disponível em: <http://www.sundance.org/festival/>. Acesso em: 20 nov. 2013.

SUPERMAN II. Direção: Richard Lester; Richard Donner. EUA/Reino Unido: Warner Home AMZ, 1980. DVD (127 min), color.

SUPERMAN: O Filme. Direção: Richard Donner. EUA/Reino Unido: Warner Home AMZ, 1978. DVD (143 min), color.

SUPERMAN: O Retorno. Direção: Brian Singer. EUA, língua original: inglês. Warnes Home AMZ, 2006. DVD (154 min), color.

SUPER Mario Bros. Annabel Jankel; Rocky Morton. Reino Unido/EUA: Continental DVD, 1993. DVD (104 min), color.

TERRA em Transe. Direção: Glauber Rocha. Brasil, língua original: português. Versatil Home Video, 1967. Edição Especial em DVD duplo.

TERROR em Silent Hill. Direção: Christophe Gans. EUA: Sony Pictures AMZ, 2006. DVD (125 min), color.

THE BLOB. Direção: Irvin S. Yearworth. EUA: Criterion, 1958. DVD (86 min), color.

THE SPIRIT. Direção: Frank Miller. EUA: Sony Pictures, 2008. DVD (103 min), color.

THE THIN Red Line. Direção: Terrence Malick. EUA: Criterion, 1998. Blu-ray (170 min), color.

THE TIMES/ISTO É. *1000 que Fizeram 100 anos de Cinema*. São Paulo: Editora Três, 1995.

THE WATCHMAN. Direção: Edward Brooke-Hitching. Reino Unido: Empathy Group Productions , 2007. Curta, 7 min, color.

THE WRAP. Disponível em: < http://www.thewrap.com>. Acesso em: 14 jan. 2014.

THINNER. Direção: Tom Holland. EUA: Republic Pictures, 1996. DVD (93 min), color.

THOMPSON, Jim. *Game Design. Principles, Practices, and Techniques* – The Ultimate Guide for the Aspiring Game Designer. Nova Jersey: John Wyley & Sons, Inc., 2007.

THOR. Direção: Kenneth Branagh. EUA: Paramount AMZ, 2011. Blu-ray (115 min), color.

THOR: O Mundo Sombrio. Direção: Alan Taylor. EUA: Buena Vista Sonopres, 2013. Blu-ray (112 min), color.

TIMECOP. Direção: Peter Hyams. Canadá/EUA/Japão: Warner Home AMZ, 1994. Blu-ray (99 min), color.

TITANIC. Direção: James Cameron. EUA: FOX/Sony Dadc, 1997. Blu-ray (194 min), color.

TOMB Raider – A Origem da Vida. Direção: Jan de Bont. EUA/Alemanha/Japão: Paramount AMZ, 2003. DVD (117 min), color.

TOMMY. Direção: Ken Russell. EUA: Sony Int, 1975. Blu-ray (111 min), color.

TOTAL FILM. Home. Disponível em: <http://www.totalfilm.com/>. Acesso em: 24 fev. 2014.

TRAINSPOTTING – Sem Limites. Direção: Danny Boyle. Reino Unido: New Way/Novodisc, 1996. DVD (94 min), color.

TRANSFORMERS. Direção: Michael Bay. EUA: Paramount AMZ, 2007. DVD (144 min), color.

TRANSFORMERS: A Vingança dos Derrotados. Direção: Michael Bay. EUA: Paramount AMZ, 2009. Blu-ray (150 min), color.

TRANSFORMERS: O Lado Oculto da Lua. Direção: Michael Bay. EUA: Paramount AMZ, 2011. Blu-ray (154 min), color.

TREFRY, Gregory. *Casual Game Design*. Designing Play for the Gamer in All of Us. Nova York: Person, 2010.

TRIBECA FILM FESTIVAL. Disponível em: <tribecafilm.com/festival/>. Acesso em: 20 nov. 2013.

TRIPOD. Especial Matrix. Disponível em: <http://especialmatrix.tripod.com/especialmatrixreloaded/id10.html>. Acesso em: 18 dez. 2013.

TRON: Uma Odisseia Eletrônica. Direção: Steven Lisberg. EUA: Walt Disney Productions, 1982. DVD (96 min), color.

TROPA de Elite. Direção: José Padilha. Brasil: Universal AMZ, 2007. Blu-ray (115 min), color.

TVSINOPSE. Hergè. Disponível em: <http://www.tvsinopse.kinghost.net/ou/herge.htm>. Acesso em: 26 fev. 2014.

TWILIGHT ZONE. Direção: vários. EUA: Image Entertainment. 1959. 28 DVD.

U-CARMEM Ekhayelitsha. Direção: Mark Dornford-May. África do Sul: Spier Films, 2005. DVD (122 min), color.

UM SONHO de Liberdade. Direção: Frank Darabont. EUA: Warner Home AMZ, 1994. Blu-ray (142 min), color.

UMA NOITE Alucinante 2. Direção: Sam Raimi. EUA: Universal AMZ, 1987. DVD (84 min), color.

UMA NOITE Alucinante 3. Direção: Sam Raimi. EUA: Cult Classic, 1992. DVD (81 min), color.

UMA VERDADE Inconveniente. Direção: Davis Guggenheim. EUA: Paramount AMZ, 2006. DVD (100 min), color.

UM SOL Alaranjado. Direção: Uduardo Valente. Curta-metragem. Brasil, 2001. (17 min) preto e branco.

UNESCO. CERLALC. Disponível em: <http://www.cerlalc.org/revista_junio/fichas/portugues/unesco.pdf>. Acesso em: 26 dez. 2013.

VAMPIRO de Almas. Direção: Don Siegel. EUA: Magnus Opus, 1956. DVD (80 min), preto e branco.

VENICE FESTIVAL. Disponível em: <http://www.labiennale.org/en/cinema/>. Acesso em: 18 dez. 2013.

VERONICA MARS. Série. EUA: Silver Pictures Television; Stu Segall Productions; Rob Thomas Productions. 2004-2007.

VERTIGO. Disponível em: <www.dccomics.com/vertigo>. Acesso em: 25 jan. 2014.

VIAGEM ao Centro da Terra. Direção: Henry Levin. EUA: Vintage, 1959. DVD (132 min), color.

WALL-E. Direção: Andrew Stanton. EUA: Buena Vista Sonopres, 2008. Blu-ray (98 min), color.

WARNER BROS. Disponível em: <http://wwws.br.warnerbros.com/pacificrim/#>. Acesso em: 23 dez. 2013.

WELLS, H.G. *A Máquina do Tempo*. Trad. Braulio Tavares. Rio de Janeiro: Alfaguara Brasil, 2010.

WHO, The. *Tommy*. UK: Polydor Records, 1969.

WOLVERINE Imortal. Direção: James Mangold. EUA: FOX/Sony Dadc, 2013. DVD (126 min), color.

WRITER'S GUILD OF AMERICA. Disponível em: <http://www.wga.org>. Acesso em: 16 dez. 2013.

X-MEN: Dias de um Futuro Esquecido. Direção: Brian Singer. EUA: Twentieth Century Fox Film Corporation, Marvel Entertainment, 2014. Blu-ray (131 min), color.

X-MEN – O Filme. Direção: Brian Singer. EUA: FOX/Sony dadc, 2000. DVD (104 min), color.

X-MEN Origens: Wolverine. Direção: John Gavin. EUA: FOX AMZ, 2009. Blu-ray (107 min), color.

Índice remissivo de filmes

Índice remissivo de diretores

Impressão e acabamento:

tel.: 25226368